Maastricht auf einen Blick

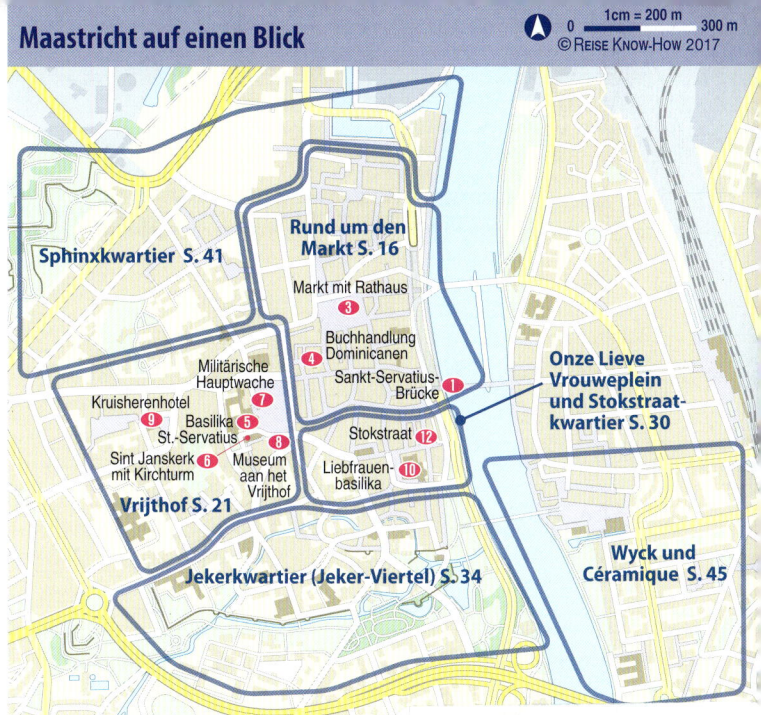

0 | 1cm = 200 m | 300 m
© REISE KNOW-HOW 2017

Sphinxkwartier S. 41

Rund um den Markt S. 16

Markt mit Rathaus ❸

Buchhandlung Dominicanen ❹

Sankt-Servatius-Brücke ❶

Onze Lieve Vrouweplein und Stokstraatkwartier S. 30

Militärische Hauptwache ❼

Kruisherenhotel ❾

Basilika St.-Servatius ❺

Sint Janskerk mit Kirchturm ❻

Museum aan het Vrijthof ❽

Stokstraat ⓬

Liebfrauenbasilika ❿

Vrijthof S. 21

Jekerkwartier (Jeker-Viertel) S. 34

Wyck und Céramique S. 45

◁ *Fast 80 m hoch und rot: der Turm der Sint Janskerk* ❻ *(001ma-ug)*

Ulrike Grafberger

CITY|TRIP
MAASTRICHT
MIT LÜTTICH

Nicht verpassen! Karte S. 3

1 Sint Servaasbrug (Sankt-Servatius-Brücke) [E4]

Sie ist die Pont d'Avignon der Niederlande und das Wahrzeichen der Stadt: Die Sint Servaasbrug verbindet den schönen Stadtteil Wyck mit der Altstadt. Rund um die Brücke laden Restaurants und Cafés zu genussvollen Stunden mit Blick auf die Maas ein (s. S. 16).

3 Markt mit Rathaus [D3]

Blumen und Obst kaufen, Pommes bei Reitz (s. S. 74) essen, ein kühles Bier in der Sonne trinken oder im Mosae Forum (s. S. 89) shoppen – der Markt mit dem historischen Rathaus ist der „gezellige" Treffpunkt der Stadt (s. S. 18).

4 Buchhandlung Dominicanen [C3]

In einer 700 Jahre alten ehemaligen Klosterkirche stapeln sich die Bücher in himmlische Höhen. Zwischen Wandgemälden und unter gotischem Gewölbe kann man nicht nur göttlich schmökern, sondern auch einen Kaffee am kreuzförmigen Tisch im Chorraum genießen (s. S. 20).

5 – 9 Vrijthof [B/C4]

Am bekanntesten Platz der Stadt lockt Kultur (Basilika St.-Servatius, Sint Janskerk, Museum aan het Vrijthof, Militärische Hauptwache), aber auch Vergnügen: In den Straßencafés schmecken *biertje* (Bier) und *bitterballen* (Fleischbällchen), hier spielt im Sommer André Rieu und im Winter lockt der Weihnachtsmarkt „Magisch Maastricht" (s. S. 21).

10 Onze Lieve Vrouwebasiliek „Sterre der Zee" (Liebfrauenbasilika) [D4]

Zu Füßen der Madonna „Sterre der Zee" in der Kapelle der Liebfrauenbasilika erstreckt sich ein Lichtermeer. So mancher Maastrichter legt hier eine Pause ein und zündet eine Kerze an. Hier wird es einem wohlig warm, vor allem ums Herz (s. S. 30).

12 Stokstraat [D4]

Maastricht zählt zu den besten Einkaufsstädten der Niederlande. In der Stokstraat, einem früheren Arme-Leute-Viertel, kann man heute selbst arm werden – wenn man die Kreditkarte zu häufig zückt (s. S. 32).

29 Sint Pietersberg und Grotten Zonneberg

Unter den Begriff „Maastricht Underground" fallen Festungsanlagen und lange unterirdische Gänge, die teilweise durch Mergelabbau entstanden sind. Ein Besuch der Grotten Zonneberg ist ein abenteuerliches Erlebnis mit Gänsehautfaktor (s. S. 52).

Leichte Orientierung mit dem cleveren Nummernsystem

Die Sehenswürdigkeiten sind im Text und im Kartenmaterial mit derselben **magentafarbenen ovalen Nummer 1** markiert. Alle anderen Lokalitäten wie Geschäfte, Restaurants usw. tragen ein **Symbol und eine fortlaufende rote Nummer (1)**. Die Liste aller Orte befindet sich auf Seite 141, die Zeichenerklärung auf Seite 143.

67 Maastricht erleben

101 Maastricht verstehen

107 Praktische Reisetipps

Zeichenerklärung

★ ★ ★ nicht verpassen
★ ★ besonders sehenswert
★ wichtig für speziell
    interessierte Besucher

[A1] Planquadrat im Kartenmaterial. Orte ohne diese Angabe liegen außerhalb unserer Karten. Ihre
Lage kann aber wie die von allen
Ortsmarken mithilfe der begleiten-
den Web-App angezeigt werden
(s. S. 144).

Vorwahlen

❯ für die Niederlande: 0031
❯ für Maastricht: 043
❯ für Belgien: 0032
❯ für Lüttich: 042/043

129 Anhang

Maastricht ist in Bewegung. Die Stadt wird um ein paar spannende und kreative Bauprojekte bereichert: Auf einem alten Kasernengelände (Tapijnkazerne) entsteht ein moderner Universitätscampus, in den ehemaligen Industriegebäuden der Sphinx-Fabrik lassen sich Ateliers und Start-ups nieder und ein neuer Parkabschnitt (Frontenpark) entsteht dort, wo früher eine Brücke stand (s. S. 106).

Auf Rollen durch die Finsternis
Führungen sind langweilig? Nicht, wenn man auf einem Tretroller im Untergrund Maastrichts unterwegs ist. Mit einem „step" und einer Kopflampe ausgerüstet geht es durch die kilometerlangen, nachtdunklen Mergelgruben der Grotten Zonneberg (s. S. 52).

Schluss mit Stau
Einer der wichtigsten Tunnels des Landes wurde Ende 2016 nach fünfjähriger Bauzeit eröffnet: Der 2,4 km lange König-Willem-Alexander-Tunnel führt auf zwei Ebenen Autofahrer unter der Stadt hindurch. Das Ergebnis: viel weniger Stau und Platz für eine Grünanlage (s. S. 43).

The Student Hotel & Skybar
In einem der früheren Industriegebäude, im schönen Eiffelgebouw mitten im Sphinxkwartier, eröffnet im Herbst 2017 das neue The Student Hotel, das entgegen dem Namen nicht nur für Studenten interessant ist. Mit 378 loftähnlichen Zimmern, Skybar auf dem Dach, Fitnessraum, Bar-Restaurant und Garten bietet es eine gute Möglichkeit für einen kurzen oder auch längeren Aufenthalt zum günstigen Preis (s. S. 44).

003ma-ug

MAASTRICHT ENTDECKEN

Maastricht für Citybummler

Kommt man nach Maastricht, dann erhält man zuerst den Eindruck, in dieser hübschen Stadt würde kein Mensch arbeiten. Das Zentrum wimmelt nur so von Menschen mit Einkaufstüten, die Straßencafés sind voll gut gelaunter Gäste mit einem Glas Wein in der Hand, auf den Steinstufen an der Maas tummeln sich die jungen Leute und Studenten und ein Radfahrer nach dem anderen düst an einem vorbei. Auf der Maas und im Binnenhafen Bassin tuckern die Freizeitboote und die Ausflugsschiffe nehmen gut besucht die Fahrt auf.

Der erste Eindruck täuscht kaum. Zwar müssen auch die Maastrichter arbeiten, doch nutzen sie jede freie Minute, um das Leben zu genießen. Man nennt es hier „burgundische Lebensart", und die wird besonders deutlich, wenn man am frühen Abend durch die Innenstadt bummelt. Gibt es überhaupt noch einen freien Platz auf der angepeilten Terrasse oder im Restaurant? Falls nicht: Keine Angst, um die Ecke wartet schon das nächste Lokal.

Dort, wo sich die vielen Restaurants befinden, sind auch die Sehenswürdigkeiten und Geschäfte der Stadt. Ausgehen, Shopping und Sightseeing gehen in Maastricht Hand in Hand und lassen sich manchmal gar nicht voneinander trennen: Eine Tasse Kaffee in der zur Buchhandlung umgebauten Dominikanerkirche (**Dominicanen ❹**) verspricht die perfekte **Kombination aus Genuss und Kultur**. Praktisch, wenn dann auch noch die **Einkaufsstraßen** in der Nähe sind.

Die *binnenstad,* also die **Innenstadt** von Maastricht, umfasst grob gesagt das Dreieck zwischen Markt ❸ im Norden, Vrijthof (s. S. 21) im Westen und Onze Lieve Vrouweplein (s. S. 30) im Süden. Im Osten grenzt sie an die Maas. Hier befinden sich die meisten Geschäfte, aber auch viele Sehenswürdigkeiten wie das Gebäudeensemble des Vrijthofs, der *gezellige* Platz vor der Liebfrauenbasilika (Onze Lieve Vrouwebasiliek), die im historischen Dinghuis ❷ untergebrachte Touristeninformation (s. S. 111), der Marktplatz mit dem Rathaus und die Buchhandlung in der Dominikanerkirche. Die komplette Innenstadt von Maastricht steht **unter Denkmalschutz.** Das Auto lässt man für den Stadtbummel am besten in der Hotelgarage oder vor den Toren Maastrichts stehen, denn die Altstadt besteht vorwiegend aus **schmalen Gassen** und **Fußgängerzonen.**

Moderne Hochbauten sucht man in der Innenstadt vergebens. Vielmehr laden idyllische Gassen mit weiß getünchten Backsteinhäusern – vor allem in der Stokstraat ⓬ – zum Bummeln ein. Hier herrscht ein wahrlich mediterranes Flair, das durch Blumenschmuck, Kopfsteinpflaster und Straßencafés noch verstärkt wird. Die Maastrichter Damenwelt bricht normalerweise schick angezogen zum Stadtbummel auf – im Sommer sieht man klassische Kleider, Miniröcke und Pumps –, denn eigentlich bummelt man in Maastricht nicht durch die Stadt, man flaniert. Sind die Einkäufe getätigt und die Schaufenster ausgiebig begutachtet, dann kehrt man in eines der vielen **Straßenca-**

◁ *Vorseite: Im Café in den Ouden Vogelstruys (s. S. 73), der ältesten Kneipe Maastrichts, schmeckt auch heute noch das „biertje"*

07 1ma-mm©Petra Lenssen

fés ein. *Een terrasje pakken* heißt das auf Niederländisch und bedeutet so viel wie „sich einen Platz auf der Terrasse suchen". Dementsprechend voll und zahlreich sind die Straßencafés. Der Onze Lieve Vrouweplein besteht im Sommer aus einer Menge an Korbstühlen und Tischen.

Hinter dem Platz beginnt das **Jekerkwartier** (s. S. 34), in dem sich individuelle Geschäfte, kleine Restaurants und viele **Universitätsgebäude** angesiedelt haben. Sehr idyllisch sind die Grote und die Kleine Looierstraat [D5]. Dort, wo früher die Gerber *(looier)* schufteten, zerbrechen sich heute Studenten die Köpfe. In der Grote Looierstraat befindet sich beispielsweise die Universitätsbibliothek. Weitere Fakultäten haben sich u. a. in der Papenstraat, am Minderbroedersberg und am Sint Servaasklooster angesiedelt. Durch das Jekerkwartier fließt der Fluss **Jeker**, an den ein **Stadtpark** und Überreste der **Stadtmauer** 🔟 grenzen. In ihrem Schatten finden

die Studenten ein ideales Plätzchen zum Lernen im Grünen oder für einen kurzen Mittagsschlaf. Auf der anderen Seite des Jeker liegt das über sechs Hektar umfassende Gelände der **Tapijnkazerne** 🔟, deren Gebäude ebenfalls teilweise von der Maastrichter Universität genutzt werden.

Ein ebenso angenehmes und schönes Altstadtviertel ist **Wyck** (s. S. 45), das sich auf der anderen Seite der Maas Richtung Bahnhof erstreckt. Auch hier ist in den schmalen Straßen ein fast französisches Flair zu spüren. Die Restaurants haben kleine Terrassen, man sitzt mit einer Tasse Kaffee in der Hand vor dem Café Zondag (s. S. 73) oder mit einem Gin Tonic vor dem Café Brutal (s. S. 83) unter schattenspendenden Bäumen. Rund um die Stationsstraat (die Bahnhofstraße) befinden sich auch einige **angesagte Hotels** wie The Dutch (s. S. 125), Kaboom Hotel (s. S. 124), Townhouse (s. S. 126) oder das Hampshire Designhotel Eden (s. S. 124). Kurz und gut: Dies ist das perfekte Viertel zum Übernachten und Ausgehen, ideal gelegen zwischen Bahnhof und Stadtzentrum.

▱ *Blick von der Hoge Brug* 🅴 *auf die historische Sint Servaasbrug* ❶

Wer dagegen Industriedenkmäler sucht, der sollte sich im **Sphinxkwartier** (s. S. 41) umsehen. Auf dem Gelände der früher hier ansässigen Keramikfabrik Sphinx geschieht derzeit viel Innovatives, Mutiges und Kreatives. Zwar sind zahlreiche Projekte noch in der Planungs- und Ausführungsphase, doch eines ist sicher: Sphinx wird das Zentrum für neue Ideen, ein Treffpunkt für Studenten und Designer und eine prima *location,* um am Abend auszugehen.

EXTRATIPP

Die Stadt von oben

Den roten Turm der **Sint Janskerk** ❻ sieht man schon von Weitem. Er steht mitten auf dem Vrijthof und aus luftiger Höhe hat man einen prima Blick über die Stadt. Ein weiteres Ausflugsziel mit Panoramablick, aber dann mit mehr Abstand zur Stadt, ist das **Fort Sint Pieter** ㉘. Oben auf dem Hügel lädt auch ein Café zum Verweilen ein.

Maastricht an einem Wochenende

1. Tag

Vormittag

Für den Vormittag empfiehlt sich der auf S. 14 beschriebene **Stadtspaziergang**, der durch die Altstadt an allen wichtigen Sehenswürdigkeiten vorbeiführt. Er endet am Onze Lieve Vrouweplein [D4]. Dank der unzähligen Cafés und Restaurants, die im Sommer mit Tischen und Stühlen unter den Bäumen locken, lässt sich hier sehr gut eine Mittagspause einlegen.

Nachmittag

Nach dem Mittagessen geht es in das **Jekerkwartier** (s. S. 34), das hinter dem Onze Lieve Vrouweplein beginnt. Am besten durchquert man die kleine, verkehrsberuhigte **Koestraat** [D5] mit ihren vielen idyllischen Lokalen. Tipp: Man kann sich schon mal ein Lieblingsrestaurant für das Abendessen raussuchen und einen Tisch reservieren.

Die Koestraat stößt direkt auf die **Bisschopsmolen** ⓭, die Bischofs-

mühle. Durchquert man den Eingangsbereich mit dem Mahlstein, dann stößt man auf den Bachlauf mit dem Mühlenrad (es dreht sich noch!). Im Café und im Mühlenladen gibt es einen hervorragenden *vlaai* (s. S. 71). Vielleicht ein Stückchen als Wegzehrung mitnehmen?

Kommt man aus der Bisschopsmolen heraus, sollte man sich rechts halten und über die Ridder- und die malerische Sint Bernardusstraat Richtung **Helpoort** ⑮ gehen, wo auch die Stadtmauer ⑯ zu sehen ist. Man kann den Weg entweder auf der Stadtmauer oder durch den Park am Fluss Jeker fortsetzen. Eine kleine Brücke über den Jeker führt beim Zwingelput [C5/6] wieder auf die andere Seite der Stadtmauer und zurück ins Jekerkwartier. Folgt man der Straße Zwingelput, so stößt man auf die **Grote Looiersstraat** [C/D5], einen langgestreckten Platz mit vielen Bäumen und historischen Häusern. Hier befinden sich die Universitätsbibliothek, das beliebte Stadscafé Lure (s. S. 79) und das **Naturhistorische Museum** ⑱, das für alle Saurierfreunde ein Muss ist. Über die Looiersgracht [C5], den Ezelmarkt [C5] und die Papenstraat [C4] führt der Weg zurück zum Vrijthof.

Nun gibt es zwei Möglichkeiten: Shopping oder Kaffeetrinken. Für Letzteres empfiehlt sich ein kleiner Abstecher zum **Kruisherenhotel** ⑨, dessen gotischer Klosterhof namens Pandhof eine wahre Oase der Ruhe ist.

Shoppingfans sollten sich dagegen ins **Stokstraatkwartier** (s. S. 30) begeben, wo Luxusshopping vom Feinsten angesagt ist. Die drei Parallelstraßen Wolfstraat, Havenstraat und Stokstraat bieten eine Vielzahl an Mode- und Delikatessengeschäften. Leute, denen der Einkaufsbummel zu lange dauert, finden in den schönen Gassen auch ein paar gemütliche Cafés und Kneipen wie das Café in de Karkol (s. S. 83).

☑ *Hier schlägt das Herz der Stadt: der Vrijthof mit Sint Janskerk* ⑥ *und Sint Servaasbasiliek* ⑤

005ma-mm©Paul Mellaart

Das gibt es nur in Maastricht

> *Himmlischer Buchladen: Die Buchhandlung Dominicanen* ❹ *befindet sich in einer 700 Jahre alten ehemaligen Klosterkirche. Zwischen Wandgemälden und unter gotischem Gewölbe lässt es sich hier wunderbar schmökern. Wer des Niederländischen nicht mächtig ist: Es gibt auch CDs, LPs, englischsprachige Bücher und ein herrliches Café.*

> *Romantisches Violinkonzert vor historischer Kulisse: André Rieu ist der große Sohn der Stadt. Jedes Jahr im Sommer gibt er Konzerte in seiner Heimatstadt. Die Maastrichter nehmen das Angebot gern an und strömen in Scharen auf den Vrijthof, der sich als Open-Air-Konzertarena durchaus sehen lassen kann (s. S. 22).*

> *Unwiderstehlicher Kuchengenuss: Ohne einen „Limburgs vlaai" probiert zu haben, darf man die Stadt nicht verlassen. Es gibt ihn mit allen möglichen Füllungen, besonders beliebt sind Kirsche und Aprikose. Dazu einen Kaffee und eine Portion Sonne vom Himmel – und der Nachmittag ist perfekt!*

> *Die Stadt im Untergrund: Kilometerlange Gänge führen durch den Berg unter Maastricht. Sie dienten zum einen dem Mergelabbau, zum anderen der Verteidigung der Stadt. An mehreren Orten in Maastricht kann man unter dem Überbegriff „Maastricht Underground" ein Fort, Kasematten und Grotten besichtigen. Ein beeindruckendes und – für Zartbesaitete – auch teilweise beklemmendes Erlebnis (s. S. 51).*

007ma-ug

Abend

Wer in der idyllischen Koestraat einen Tisch im Restaurant reserviert hat, hat es vom Shoppingviertel zum Onze Lieve Vrouweplein nur ein paar Meter. Tipp: Das **Café Sjiek** (s. S. 73) ist zwar klein und immer voll, doch wer früh am Abend (am besten schon um 17 Uhr) dort erscheint, bekommt eventuell noch einen Platz – und ein hervorragendes *zoervleis* (s. S. 71)! **Nachteulen** finden rund um den Onze Lieve Vrouweplein [D4], den Vrijthof [C4], den Markt ❸ oder im Szeneviertel Wyck (s. S. 45) genügend Möglichkeiten, die Nacht bis in die Morgenstunden auszudehnen.

2. Tag

Vormittag

Am Morgen steht Kultur auf dem Programm. Das **Bonnefantenmuseum** ㉖ am Maas-Ufer ist nicht nur in architektonischer Hinsicht ein Highlight. Es beherbergt eine beeindruckende Sammlung mittelalterlicher Skulpturen und Bilder, niederländische Malerei aus dem 16. und 17. Jahrhundert und präsentiert Wechselausstellungen zeitgenössischer Kunst. Übrigens ist auch das Museumscafé empfehlenswert.

Von hier geht es auf dem Spazierweg am Maas-Ufer zur **Bordenhal** ㉔ (Café mit sonniger Terrasse!), zum **Centre Céramique** ㉓ und zur **Hoge Brug** ㉕, von der aus man einen schönen Blick auf die Altstadt hat.

Bleibt man auf der rechten Maasseite, so besteht die Möglichkeit, das historische und malerische **Vier-**

◁ *Kaffee und Kuchen am kreuzförmigen Tisch: die Cafeteria der Buchhandlung Dominicanen* ❹

tel Wyck (s. S. 45) genauer zu erkunden. Hier warten viele kleine Läden und gemütliche Restaurants auf Besucher und es ist ideal für eine Mittagspause.

Alternativ zu den Museumsbesuchen kann man auch eine **Tagestour nach Lüttich** (s. S. 60) einplanen. In den Monaten April bis Dezember fahren die Schiffe der **Rederij Stiphout** jeden Donnerstag und Sonntag um 10 Uhr nach Lüttich (bitte Zeitplan auf www.stiphout.nl prüfen, s. S. 119), von wo es nach 2½ Stunden Aufenthalt in der Stadt wieder zurück nach Maastricht geht.

Nachmittag

Über die **Sint Servaasbrug** ❶ geht es zum Maasboulevard und rechter Hand zum Binnenhafen **Het Bassin** ㉑, in dem Boote und Schaluppen ankern und dessen Kaimauern Restaurants mit Terrassen am Wasser säumen. Im Sommer ein herrlicher Ort! Rund um den kleinen Hafen passiert derzeit eine Menge: Alte Industriegebäude werden hergerichtet, Kreative und Künstler lassen sich in den Fabrikgebäuden nieder und neue Parkanlagen werden angelegt. Wer Lust auf einen Spaziergang im Grünen hat, der kann die **Parks** Lage und Hoge Fronten (Frontenpark ㉒) aufsuchen.

Abend

Het Bassin ㉑ bietet sich hervorragend für ein Abendessen auf einer Terrasse oder in den Kellergewölben der Restaurants am Kai an. Alternativ kann man auch in der gegenüberliegenden ehemaligen Elektrizitätszentrale der alten Sphinx-Fabrik, die heute zum Industriegebäude **Lumière Cinema** (s. S. 85) gehört, sehr gut essen.

Stadtspaziergang

Für den im Folgenden beschriebenen Stadtspaziergang sollte man an reiner Gehzeit etwa zwei bis drei Stunden einplanen. Wir beginnen am **Hauptbahnhof** [G3], denn hier kommen viele Besucher an oder beziehen in der Nähe ihr Hotel (s. S. 122). Im Gegensatz zu vielen anderen Städten gehört das Bahnhofsviertel von Maastricht (in Richtung Altstadt) zu einem der schönsten Stadtteile: **Wyck.** Hier stehen viele historische Gebäude aus dem 19. Jahrhundert und in ihnen sind Restaurants und Geschäfte untergebracht. Geht man die Stationsstraat, also die Bahnhofstraße, Richtung Zentrum, dann trifft man auf Cafés, Delikatessengeschäf-

te, kleine Boutiquen, Szenerestaurants und Geschenkartikelshops.

Die Stationsstraat geht in die Wycker Brugstraat über und dieser Name deutet an, was uns als Nächstes erwartet: eine *brug,* also eine Brücke. Damit ist keine geringere gemeint als die berühmte **Sint Servaasbrug** ❶. Diese überqueren wir, auch wenn es gerade „bimmeln und blinken" sollte. Das bedeutet, dass sich ein Schiff nähert und sich ein Teil der Brücke um ein paar Meter in die Höhe bewegt. Doch dies betrifft nur die Autofahrer (sie werden durch eine Schranke am Weiterfahren gehindert). Radfahrer und Fußgänger können dennoch passieren. Der Gehsteig klappt sich leicht nach oben und man überschreitet die Sint Servaasbrug nicht ebenerdig, sondern mit einem leichten An- und Abstieg.

Hinter der Brücke beginnt die eigentliche **Innenstadt** von Maastricht. Beim Kaufhaus **Bijenkorf** (s. S. 89) geht es rechts in die Gasse namens Kleine Staat, wo ein auffällig schmales, dafür aber hohes Haus aus dem Jahre 1470 steht. Es ist das **Dinghuis** ❷, ein mittelalterliches Gerichtsgebäude. Heute ist hier der VVV Maastricht, also die Touristeninformation (s. S. 111), untergebracht und man kann sich mit Stadtplänen, Broschüren und Tickets eindecken.

Gut informiert geht es weiter durch die Muntstraat bis zum **Markt** ❸, an dem sich das Rathaus aus dem 17. Jahrhundert und das moderne Einkaufszentrum **Mosae Forum** (s. S. 89) befinden. Hunger bekommen? Das **Reitz** (s. S. 74) am Markt ist den Einheimischen zufolge die beste Frittenbude der Stadt. Klassiker ist das hausgemachte *zoervleis* (Sauerfleisch) mit Pommes. Viele weitere Restaurants mit sonnigen Ter-

Routenverlauf im Stadtplan
Der hier beschriebene Spaziergang ist mit einer farbigen Linie im Stadtplan eingezeichnet.

rassen laden zu einer Kaffeepause ein. Wer keinen Hunger hat, der kann sich im Mosae Forum dem Shopping widmen.

Über die Spilstraat [D3] im Westen des Marktplatzes geht es zurück in die Innenstadt. Nach ein paar Metern stößt man rechter Hand auf den Eingang zur modernen, stilvollen Einkaufspassage **Entre Deux** (s. S. 88), die man durchqueren sollte, um an ihrem Ende links die Treppen zur **Dominikanerkirche** ❹ hochzusteigen. In der ehemaligen Kirche befindet sich heute eine sehenswerte Buchhandlung namens **Dominicanen**. Von dort sind es nur noch ein paar Schritte (über Dominicanerplein und Helmstraat) bis zum berühmtesten Platz von Maastricht, dem **Vrijthof** [C4]. Hier spielt im Sommer André Rieu seine Walzer, hier finden der Weihnachtsmarkt und das kulinarische Festival Preuvenemint statt und hier stehen ein paar beeindruckende Gebäude: die **Sint Servaasbasiliek** ❺, die **Sint Janskerk** ❻ mit dem roten Kirchturm und das **Museum aan het Vrijthof** ❽. Wer über eine gute Kondition verfügt, kann den Kirchturm erklimmen, um sich von oben einen Überblick über die Stadt zu verschaffen. Kunstinteressierte können sich in der Sint Servaasbasiliek die berühmte Schatzkammer ansehen oder im Museum am Vrijthof eine interessante Mischung aus historischen Kunstgegenständen und zeitgenössischer Kunst bestaunen. Am Vrijthof reiht sich außerdem ein Restaurant an das andere. Suchen Sie sich einen freien Platz und lassen Sie es sich schmecken!

Gegenüber von der Sint Janskerk führt die Bredestraat fast schnurstracks zum anderen bedeutenden Platz Maastrichts, dem **Onze Lieve Vrouweplein** [D4], der auch als „Wohnzimmer" Maastrichts bezeichnet wird. Im Sommer steht der Platz voll mit Korbstühlen, zur Weihnachtszeit ist er stimmungsvoll geschmückt. Das etwas seltsam anmutende, hoch aufragende und auf den ersten Blick wenig einladende Gebäude am Platz ist die **Onze Lieve Vrouwebasiliek** ❿. Ihr sollte man unbedingt einen Besuch abstatten, denn in ihrer Kapelle verzaubert ein Kerzenmeer zu Füßen der Marienstatue „**Sterre der Zee**" die Besucher. Auch das benachbarte Kirchengebäude mit der Schatzkammer ist durchaus sehenswert.

Neben der Basilika befindet sich das Hotel Derlon, in dessen Keller bei Umbauarbeiten ein **römisches Heiligtum** ⓫ entdeckt wurde. Ein kurzer Besuch lohnt sich (Eintritt frei), danach laden die vielen Cafés und Restaurants auf dem Platz zur Erholung ein.

Am Ende des Spaziergangs empfiehlt sich ein Einkaufsbummel in der benachbarten **Stokstraat** ⓬ oder der Rückweg zum Ausgangspunkt über die Hoge Brug ㉕ und das Viertel Wyck.

◁ *Das Jekerkwartier (s. S. 34): Altstadtidylle im Schatten der Stadtmauer*

Rund um den Markt

Hier schlägt das Herz der Stadt: Boutiquen, Kaufhäuser, Marktplatz, Rathaus, Touristeninformation, Straßencafés, Pommesbuden und Einkaufspassagen erwarten Maastricht-Besucher, sobald sie die berühmte Sint Servaasbrug vom Bahnhof aus überquert haben. Es ist ein Gewimmel aus Gassen und Fußgängerzonen, unterbrochen von einigen Plätzen, in denen es für Autos kein Durchkommen gibt. Das Auto sollte man also am Stadtrand stehenlassen und die historische Altstadt zu Fuß erkunden.

❶ Sint Servaasbrug (Sankt-Servatius-Brücke) ★★★ [E4]

Sie erinnert ein bisschen an die Pont d'Avignon: Die Ursprünge der Sint Servaasbrug gehen bis aufs 13. Jahrhundert zurück und sie gilt als eine der ältesten Brücken der Niederlande.

☑ *Die Ursprünge der Sint Servaasbrug liegen im 13. Jahrhundert*

Eine Brücke aus dem 13. Jahrhundert, über die man heute mit dem Auto fahren kann? Ganz so einfach ist es natürlich nicht. Richtig ist, dass Überreste der Brücke aus dem 13. Jahrhundert stammen, denn bei ihrer Restaurierung im 20. Jahrhundert fand man einen alten Torbogen. Die Servaasbrug, so wie sie sich uns heute darstellt, stammt aus dem Jahr 1946.

Doch zurück zu den Anfängen: An dieser Stelle der Maas, an der es schon zu **Römerzeiten** Siedlungen gab, befand sich ein schmaler, durchwatbarer Flussabschnitt und deshalb lag es nahe, hier eine Brücke zu errichten. Die erste Römerbrücke, die aus Holz und steinernen Sockeln bestand, hatte eine überaus große Bedeutung für Maastricht, denn sie bot weit und breit die einzige Möglichkeit, die Maas zu überqueren. Somit bildete die römische Brücke die Basis für eine dauerhafte Besiedlung und das Entstehen der Stadt Maastricht.

Als nach den Römern die Stadt als Wallfahrtsort im Rahmen der Servatius-Verehrung große Bedeutung erlangte, war die Sint Servaasbrug unabdingbar, denn mit ihrer Hilfe konnten die **Pilger** den Fluss überqueren und zur Sint Servaasbasiliek ❺ auf

009ma-ug

dem Vrijthof gelangen. Es ist Ironie des Schicksals, dass die Brücke im Jahr 1275 ausgerechnet während einer Prozession unter den Gläubigen zusammenbrach.

Von 1280 bis 1298 baute man die Brücke wieder auf, diesmal aus Stein und einige Meter weiter nördlich. Im ausgehenden 17. Jahrhundert wurde die Sint Servaasbrug umfassend restauriert, wobei man soweit wie möglich die alten Steine wiederverwendete.

Ende des 19. Jahrhunderts zuckelte eine Straßenbahn über die Brücke. Erst wurde sie von Pferden gezogen, später von einem Dampfmotor angetrieben. Doch im beginnenden 20. Jahrhundert konnte das Bauwerk den Anforderungen der Zeit nicht mehr gerecht werden: Die **mittelalterliche Konstruktion** war für die neuen Fahrzeuge einfach zu schmal. Man spielte mit dem Gedanken, die Sint Servaasbrug komplett abzureißen, doch der Protest der Maastrichter führte dazu, dass 1932 rund 150 Meter nördlich eine zweite Brücke, die Wilhelminabrücke oder *nui brögk* („neue Brücke"), für den Autoverkehr errichtet wurde. Die ursprüngliche Brücke wurde in den Jahren 1932 bis 1934 komplett abgetragen und an derselben Stelle neu aufgebaut.

Nach Beschädigungen durch ein deutsches Sprengkommando während des **Zweiten Weltkriegs** musste man sie erneut instand setzen. Bei dieser Gelegenheit verbreiterte man sie auch gleich um zwei Meter. Da man die alten Steine bei den Restaurierungen wiederverwendete, erweckt die Sint Servaasbrug heute den Eindruck, es würde es sich um eine „alte" Brücke handeln. Im Volksmund heißt sie daher auch *aw brögk* („alte Brücke").

KURZ & KNAPP

Schaut mal hoch – die Maastrichter Giebelsteine

Es gab eine Zeit, da waren die Häuser noch nicht mit Hausnummern durchnummeriert und keine Messingplatten wiesen auf die Zahnarztpraxis oder den Notar hin. Man wusste sich dennoch zu helfen – mit Giebelsteinen. Und so kommt es, dass an rund 250 Maastrichter Häusern in einer Höhe von drei bis vier Metern, oftmals über der Haustüre, Giebel- bzw. Fassadensteine prangen. Diese *gevelstenen*, die über die ganze Innenstadt verteilt sind, zeigten im 17. und 18. Jh. an, **welchen Namen das Haus hatte** oder **welche Tätigkeit der Hausbesitzer ausübte**. So war der „Große Bock" hoffentlich kein Lüstling, sondern eine Kneipe.

Weil viele Passanten nicht lesen konnten, verwendete man auch **Abbildungen**. Die Herberge In den Vogelstruys auf dem Vrijthof [C4] zieht konsequenterweise auch einen Strauß. Einige Häuser tragen Namen und Abbildungen von Bäumen wie In den Orange Boom („Orangenbaum", Sporenstraat 14) und In den Linden Boom („Linde", Rechtstraat 16), andere wiederum Tiere wie In het Swart Paard („schwarzes Pferd", Hoogbrugstraat 52) oder Weißes Schaf (Tongersestraat 52).

❷ **Dinghuis** ⋆⋆   **[D3]**

Eintrittskarten oder Prospekte nötig? Im mittelalterlichen Gerichtsgebäude befindet sich heute der VVV, die Touristeninformation (s. S. 111).

Nein, bei den Straßennamen Kleine Staat und Grote Staat wurde nicht das „r" vergessen. In diesem Fall heißt die Straße tatsächlich nicht „straat", wie sonst in den Niederlanden üblich. Das Wort *staat* verwies früher vielmehr auf die Anwesenheit der städtischen Ob-

010ma-ug

förmigen Stadtwappen von Maastricht – noch an der Fassade des Hauses. Ebenfalls an der Fassade befindet sich eine **Uhr** aus dem 14. Jahrhundert – mit nur einem Zeiger (für die Stunden).

Das Dinghuis – mit einer Folterkammer im Kellergeschoss (nicht zu besichtigen) – hatte auch die Funktion eines Rathauses. Als im Jahr 1664 auf dem Markt ein größeres Rathaus errichtet wurde, verlor das Dinghuis seine Bedeutung. Es diente später als Aussichtsposten in Kriegszeiten, woran noch immer der kleine Turm auf dem Dach erinnert. Im Zweiten Weltkrieg hatte sich der Luftschutzdienst hier angesiedelt und seit den 1980er-Jahren befindet sich hier in zentraler Lage der Hauptsitz des Fremdenverkehrsverbandes **VVV Maastricht** (s. S. 111).

❯ Kleine Staat 1

❸ Markt mit Rathaus ★★★ [D3]

Der Marktplatz von Maastricht ist das „kulinarische Herz" der Stadt. Hier wird der Wochenmarkt abgehalten und hier reihen sich im Schatten des Rathauses zahlreiche Cafés und Restaurants aneinander.

Das freistehende Rathaus (**Stadhuis**) wurde zwischen 1659 und 1664 von **Pieter Post** im Stil des Holländischen Klassizismus errichtet. Pieter Post war Hofarchitekt des Statthalters Friedrich Heinrich von Oranien und errichtete in Den Haag

rigkeit in diesen Straßen und nicht umsonst steht hier auch das Dinghuis, das **Gerichtsgebäude**. Ein *geding* bezeichnet noch heute im Niederländischen einen Prozess und *dingen* heißt „Recht sprechen".

Das Dinghuis ist eine auffällige Erscheinung. Schon vom Maas-Ufer aus sieht man das historische, schmale und zugleich hohe Gebäude mit seinem spitz zulaufenden Dach zwischen den anderen Bauten herausragen. Es wurde im Jahr 1470 aus Naumur-Stein und Mergel errichtet und ist tatsächlich noch ein original **gotisches Gebäude**. Hier sprachen die Vertreter der zwei Obrigkeiten der Stadt Recht: der **Herzog von Brabant** und der **Erzbischof von Lüttich**. Ihre Wappen prangen – neben dem stern-

◺ *Früher Gericht, heute Sitz der Touristeninfo: das Dinghuis*

▷ *Das majestätische Rathaus mit seinem Glockenspiel-Turm*

auch das prachtvolle Mauritshuis (heute Museum) und das Königsschloss Huis ten Bosch. Kennzeichnend für den **Holländischen Klassizismus** sind klare Formen und imposante Fassaden. Am Maastrichter Rathaus fällt vor allem die **doppelte Freitreppe** auf, die zu einem überdachten Eingangsbereich mit drei Rundbögen führt. In der Fassade ist ein **dreieckiges Relief** eingelassen, das den Stadtengel mit Wappen zeigt. Daneben lehnen sich **Minerva** (Göttin der Weisheit und taktischen Kriegsführung) und **Mars** (Gott des Krieges und Symbol für die Wehrhaftigkeit Maastrichts) an den Giebel.

Doppelungen wie bei der Freitreppe gibt es noch mehr im Stadthaus. Da zur Zeit der Errichtung zwei Herren über Maastricht herrschten, der Herzog von Brabant und der Fürstbischof von Lüttich, besteht das Rathaus im Inneren aus zwei gleichen Hälften. Jeder der beiden Herren hatte einen eigenen Bereich mit einem Schöffenzimmer.

Zentraler Treffpunkt (mit wunderbaren Deckengemälden) ist der sog. **Het Plein**, der Platz im Eingangsbereich, der zur Repräsentation und Rechtsprechung diente. Im Keller waren die Gefängniszellen untergebracht. Hinrichtungen fanden vor dem Stadthaus auf dem Marktplatz statt, zudem stand hier – für kleinere Delikte – ein Schandpfahl für die Männer und ein sog. *draeyhuysken,* ein drehbares Holzhäuschen, für die Frauen.

Der **achteckige Turm** des Rathauses wurde aus Geldmangel erst später errichtet und stammt aus dem Jahr 1684. In ihm ist ein **Glockenspiel** mit 49 Glocken untergebracht, das jeden **Samstag um 12.30 Uhr** ertönt. Herrscher darüber ist der Stadt-Carilloneur **Frank Steijns**, der neben der Geige in André Rieus „Johann Strauss Orchester" auch das Carillon im Rathausturm bespielt und selbst Stücke komponiert. Da er ein Fan moderner Musik ist, kann auch durchaus mal Pop oder Heavy Metal vom Rat-

hausturm ertönen, und vor ein paar Jahren gab Frank Steijns ein paar Rolling-Stones-Klassiker zum Besten.

Das Rathaus wird vom **Marktplatz** umgeben. Bevor das Stadhuis errichtet wurde, führte die alte Stadtmauer quer über den Platz. Außerdem gab es eine Tuchhalle, in der Stoffe verkauft wurden. Letzteres geschieht noch immer, und zwar am Freitag, wenn der große Markt stattfindet. Auch am Mittwoch ist Markt, wenngleich er mit rund 200 Ständen etwas kleiner ist als der am Freitag (s. S. 87).

Auf dem Marktplatz steht eine Statue von **Jan Pieter Minckeleers** aus dem Jahr 1904. Die Flamme in seiner Hand soll daran erinnern, dass der 1748 in Maastricht geborene Wissenschaftler das Leuchtgas (beim Erhitzen von Steinkohle wird Gas freigesetzt) entdeckt und die Gaslampe erfunden hat.

Umringt wird der Marktplatz von zahlreichen **Cafés** und **Restaurants** mit großen Terrassen. Sehr beliebt ist die „Pommesbude" Reitz (s. S. 74).

❹ Buchhandlung Dominicanen ★★★ [C3]

Tausende von Büchern stapeln sich in einer 700 Jahre alten, gotischen Kirche in himmlische Höhen. „A bookshop made in heaven", schrieb der Guardian über die Buchhandlung Dominicanen. Hier wird nicht mehr das Wort Gottes gesprochen, sondern es werden die Wörter der Literaten verkauft. Die Dominikanerkirche ist nicht das einzige Gotteshaus in Maastricht, das die Kirche finanziell nicht mehr tragen kann und deshalb anderen Zwecken zur Verfügung gestellt hat: Das ehemalige Kruiserenkloster ❾ beherbergt heute ein

012ma-mm©Etienne van Sloun fotograaf

Hotel und die alte Augustinerkirche in der Kesselskade ist eine Festival Location.

Die Dominikanerkirche wurde im 13. Jahrhundert errichtet und diente dem benachbarten **Dominikanerorden** als Stiftskirche. Ende des 18. Jahrhunderts, nachdem die Franzosen das Kloster schwer beschädigt hatten, wurden Kirche und Kloster aufgegeben. In das Klostergebäude zog eine Schule ein, in die Kapelle eine Druckerei und in die Kirche ein Orchester – bis **Pierre Cuypers** kam, der berühmte Architekt des Amsterdamer Rijksmuseum und des Hauptbahnhofs, und sich der Dominikanerkirche annahm. Er führte die Kirche in den Jahren 1912 bis 1917 wieder in ihren ursprünglichen gotischen Stil zurück. Danach wurde sie einige Jahrzehnte als Pfarrkirche genutzt, bis sich die Zahl der Kirchengänger verringerte.

Bevor die Bücher in die Dominikanerkirche einzogen, wurde das go-

tische Gebäude als Boxring, Feuer-
wehrlager, Postamt, Fahrradgarage
und Veranstaltungsort für Karnevals-
sitzungen und Blumenausstellungen
genutzt. Da ist ihre heutige Funktion als **Buchhandlung** auf jeden Fall
angemessener. Zumal das Gebäude
nun für jeden zugänglich ist und auch
noch renoviert wurde.

In den Jahren 2005 und 2006 erfolgte eine archäologische Untersu-
chung der Dominikanerkirche, bei
der mehrere Gräber gefunden wurden, und eine umfangreiche Restaurierung der alten **Fresken aus dem
Jahr 1337**. Diese Wandbemalung,
die zu den ältesten der Niederlande
zählt, zeigt Szenen aus dem Leben
des Thomas von Aquin.

Für die Nutzung der Kirche als
Buchhandlung gab es von Seiten der
Denkmalschützer eine Auflage: Die
wertvollen Malereien und das Gewölbe durften nicht beschädigt werden.
Wo sollte man jedoch die erforderli-
chen 1200 m² an Regalfläche für die
Bücher herzaubern, wenn man keine
Regale in die Wand verankern durf-
te? Man fand eine geniale Lösung:
ein 7,5 m hohes, 30 m langes und
zwei Stockwerke umfassendes „Bü-
cherhaus“. Die große, schwarze Metallkonstruktion befindet sich inmitten der Kirche. Sie ist nicht mit dem
Gebäude verbunden und kann jederzeit wieder abgebaut werden.

Vom ersten und vom zweiten Stock
aus hat man einen fantastischen
Blick auf die Büchertische und den
ehemaligen Chorraum, in dem heute
in der Kaffeeecke ein kreuzförmiger
Tisch steht. Hier werden die Hungri-
gen mit Kuchen und Brot gespeist.
❭ Dominikanerkerkstraat 1, Tel. 3561944,
www.libris.nl/dominicanen,
geöffnet: Mo. 10–18, Di.–Sa. 9–18 Uhr
(Do. bis 21 Uhr), So. 12–18 Uhr

Vrijthof

*Der bekannteste Platz der Stadt ist
ein echtes Postkartenmotiv: Sint Servaasbasiliek, Sint Janskerk, Spaans
Gouvernement, Militärische Hauptwache, Theater und viele Restaurants säumen das große, vierecki-
ge Areal, auf dem im Sommer André
Rieu mit seinem Johann Strauss Orchester auftritt und das kulinarische
Festival Preuvenemint stattfindet.*

Der Vrijthof ist das Herz der Stadt.
Selbst im Winter sind die vielen Terrassen der Restaurants immer gut besucht – den Heizlampen sei Dank. In
der Vorweihnachtszeit wird hier der
große Weihnachtsmarkt **Magisch
Maastricht** abgehalten – mit Riesenrad, Marktständen und Eislauffläche. Zwischen all den Events, für
die sich der Platz wegen seiner Größe und zentralen Lage hervorragend
eignet, kann es aber auch ruhig und
beschaulich zugehen. Vor allem am
frühen Morgen bietet der Vrijthof die
ideale Gelegenheit, Maastricht als
historische Stadt in sich aufzuneh-
men: Die **Sint Servaasbasiliek** steht
für Maastrichts Zeit als Pilgerstadt, in
dem roten Gebäude an der linken Seite übernachtete Karl V. bei seinen Besuchen, die Militärische Hauptwache
rechts daneben und das Generals-
haus (heute Theater) an der Nordsei-
te repräsentieren Maastricht als Garnisonsstadt und die vielen Restaurants – mit der ältesten Herberge der
Stadt aus dem 14. Jahrhundert (Café
in den Ouden Vogelstruys, s. S. 73)
– zeigen auf, was Maastricht ebenfalls seit Jahrhunderten ist: eine Stadt
für Genießer.

◁ *Der himmlische Buchladen
Dominicanen*

André Rieu, der Walzerkönig

Man muss kein Klassikfan oder Walzer-Liebhaber sein, um André Rieu zu mögen. Der Maastrichter hat eine sympathische Art und scheut auch die Auftritte mit weniger klassischen Solokünstlern wie DJ Ötzi nicht.

„Mitschunkeln, Mitsummen, Klatschen, Springen – erlaubt ist, was gefällt! Jeder Abend ist ein Erlebnis für sich", so beschreibt André Rieu die Atmosphäre während seiner Konzerte. Auch Tränen werden im Publikum häufiger vergossen, beispielsweise bei seiner Interpretation des „Earth Song" von Michael Jackson, gesungen von der brasilianischen Sängerin Carmen Monarcha, oder bei „Don't Cry for me Argentina" aus dem Mund der Sopranistin Mirusia Louwerse. Große Emotionen, große Inszenierungen – und das vor der spektakulären Kulisse des nächtlichen Vrijthofs, immer ausgebucht und vollbesetzt mit 9000 Besuchern.

Hier in Maastricht begann die Karriere des musikalischen Ausnahmetalents, der sich mit fünf Jahren die Geige schnappte und Unterricht bei einer bildschönen Lehrerin nahm, für die er sofort zu schwärmen begann. Das Talent war ihm in die Wiege gelegt, denn sein Vater war Dirigent und André wuchs in einem musikalischen Haushalt auf. Es folgte eine Geigenausbildung an den Konservatorien von Lüttich, Maastricht und Brüssel. 1978 gründete Rieu sein erstes Orchester und zehn Jahre später trat er zum ersten Mal mit seinem Johann Strauss Orchester auf. „Der Walzer zog mich so sehr in seinen Bann, dass er etliche Jahre später gewissermaßen zu meinem Lebensrhythmus wurde", sagt André Rieu.

Wiener Walzer für die Ohren, Schloss Schönbrunn als Kulisse und Balletttänzerinnen der Wiener Staatsoper für die Augen – das märchenhaf-

te Wien von Sissi und Franz Joseph hat es Rieu angetan. Und seinen Fans ebenso. Wer nun denkt, Rieus Musik wäre nur etwas für betagte Romantiker, der täuscht sich. Als Rieu 2009 vor 50.000 Fußballfans in der Halbzeit des Spiels Ajax Amsterdam gegen Bayern München seine Interpretation von „The Second Waltz" von Schostakowitsch zum Besten gab, schwenkten die Fußballfans ihre Fahnen im Takt der Musik. Die Menge summte mit und jubelte ... und Ajax gewann. „The Second Waltz" stand nach dem Spiel an der Spitze der Charts und Rieus Karriere setzte zu Höhenflügen an.

Platinplatten, Auszeichnungen wie der Europäische Kulturpreis, ausgebuchte Konzerte, Tourneen u. a. durch Südafrika, Neuseeland und Australien, DVD-Einspielungen und sogar ein Auftritt vor Queen Elizabeth - André Rieu konnte sich rund um den Erdball einen Namen machen.

Seiner Heimatstadt Maastricht blieb er all die Jahre treu und er gibt dort noch immer die jährlichen Sommerkonzerte auf dem Vrijthof. Treu blieb er auch seiner Jugendliebe Marjorie, die er noch während seines Studiums heiratete und mit der er zwei Söhne hat. Wer selbst einmal die magische Atmosphäre eines Vrijthof-Konzerts nachempfinden möchte, der kann bei YouTube hineinschauen oder online ein Ticket erwerben: www.andrerieu. com.

◁ Berühmter Sohn der Stadt: Walzerkönig André Rieu

❺ Sint Servaasbasiliek (Basilika St.-Servatius) ★ ★ ★ [C4]

So beeindruckend die Servatiusbasilika aussieht, wenn man sie vom Vrijthof aus betrachtet, so groß ist auch ihre kunsthistorische Bedeutung. Sie bietet gleich mehrere Superlative.

Die Sint Servaasbasiliek ist die älteste erhaltene Kirche der Niederlande, errichtet auf dem Grab des heiligen Servatius. Das später angebaute, frühgotische Portal ist vermutlich das **früheste gotische Bauwerk der Niederlande** und der **Kirchenschatz** der bedeutendste des Landes. Ebenfalls kunsthistorisch interessant sind die 34 Kapitele im Kreuzgang, die Szenen aus „De civitate Dei" von Augustinus zeigen.

Doch fangen wir von vorne an: Die Kirche ist dem **heiligen Servatius** gewidmet, der Bischof von Tongern war und später nach Maastricht übersiedelte, wo er kurze Zeit später verstarb. Auf seinem Grab, das noch immer zu sehen ist, wurden erst eine hölzerne Kapelle und später eine Steinkirche errichtet.

Die erste Kirche wurde von den Maastrichter Bischöfen Monulfus und Gondulfus um 550 errichtet. Zu dieser Grabkirche des hl. Servatius kamen jährlich Tausende von Pilgern, die durch die Pforte nur gebückt die Grabkammer betreten konnten. Diese gebückte Haltung war ein Zeichen der Ehrerbietung vor dem Heiligen.

Es folgten viele Erweiterungen und später der Bau einer größeren Kirche, die im Jahr 1039 unter Beisein von Kaiser Heinrich III. und zwölf Bischöfen feierlich eingeweiht wurde. Lange stand diese Kirche nicht, denn bereits ein paar Jahre später begann man, eine **romanische Kirche** zu errichten, die im Laufe des 14. und 15.

Jahrhunderts um Seitenkapellen erweitert wurde.

Wie auch für die anderen Kirchen Maastrichts bedeutete die **französische Besatzung** nichts Gutes. Die Franzosen lösten 1797 das Stift auf und nutzen die Kirche, den Kreuzgang und die Schatzkammer als Lager. Im Jahr 1804 wurde die Servatiuskirche wieder als Pfarrkirche genutzt und 1866 bis 1900 von **Pierre Cuypers**, dem großen niederländischen Architekten, der auch das Rijksmuseum und den monumentalen Hauptbahnhof von Amsterdam erbaute, gründlich restauriert. Er machte zudem – was damals in Mode war – die barocken Umbauten rückgängig.

Im Jahr 1985 wurde St.-Servatius von Papst Johannes Paul II. zur **Basilica minor** ernannt, also zu einer Kirche mit besonderer Bedeutung. Die Ehre hat die Kirche ihrem Namensgeber zu danken, der als erster im Raum Maastricht das Evangelium predigte.

Heute betritt man die Basilika durch das **Nordportal** am Keizer Karelplein. Es zeigt Jesus mit dem hl. Petrus und dem hl. Servatius an seiner Seite. In den Bögen befinden sich Abbildungen der zwölf Apostel, die auf den vier großen Propheten des Alten Testamentes stehen: Jesaja, Jeremias, Ezechiel und Daniel.

Bevor man in das Innere der Basilika gelangt, kommt man am schönen Kreuzgang vorbei, in dessen Innenhof die beeindruckende, 6000 kg schwere **Glocke** (Baujahr 1515) steht, die den Namen „Grammeer" (Großmutter) trägt. Diese Glocke, auf der der Himmelsschlüssel und ein Portrait des heiligen Servatius abgebildet sind, ist das Original. Eine Nachbildung hängt im Kirchturm der Basilika. Sie wird nur wenige Male im Jahr

☐ *Eine Glocke namens „Großmutter"*

Der (eis-)heilige Servatius

Servatius wurde in Armenien geboren, was ja nicht gerade um die Ecke von Maastricht liegt. Von dort kam er nach Tongern (heute Belgien), wo er zum Bischof geweiht wurde. Später verlegte er seinen Bischofssitz nach Maastricht, denn er befürchtete einen Angriff der Hunnen und Maastricht erschien ihm sicherer.

Um einen möglichen Hunneneinfall abzuwehren, zog Servatius nach Rom, um den Papst persönlich um Hilfe zu bitten. Der Legende nach bekam er von ihm einen silbernen Schlüssel, mit dem er das Himmelstor aufsperren und alle, die ihn darum bitten sollten, Zugang zum ewigen Leben verschaffen könne. Servatius kehrte damit nach Maastricht zurück, verstarb kurze Zeit später (es muss um das Jahr 384 gewesen sein) und wurde - wie damals üblich – an einer öffentlichen Straße begraben. Man errichtete über seinem Grab eine Kapelle, die später zur Basilika St.-Servatius ausgebaut wurde. Der prophezeite Hunneneinfall erfolgte übrigens tatsächlich einige Jahrzehnte nach seinem Tod, was zu seiner Verehrung beitrug.

Der heilige Servatius ist der Grund, weshalb Maastricht zu einem der wichtigsten Wallfahrtsorte des Mittelalters wurde. Die Karolinger ernannten ihn gar zu ihrem Schutzheiligen und Karl der Große soll mehrmals zum Grab des heiligen Servatius nach Maastricht gereist sein.

Übrigens ist die Verehrung des Heiligen kein ausschließlich Maastrichter Phänomen. Auch in Quedlinburg gibt es eine ihm geweihte Kirche, in der Bretagne stehen gleich mehrere Kirchlein mit dem Namen Saint-Servais, in Belgien ebenfalls. Servatius gehört - wie Pankratius, Bonifatius und Sophia - zu den Eisheiligen, denn an ihren Gedenktagen im Mai soll kalter Nordwind wehen.

geläutet, u. a. an Weihnachten und Ostern. Dann soll ihr mächtiger Klang sieben Kilometer weit zu hören sein.

In der Apsis der Basilika sind ein Marmoraltar (1190), neogotische Chorstühle (1890) und ein Deckengemälde zu sehen, das Christus als Weltenrichter zeigt. Fantastisch ist das **frühgotische Bergportal** an der Südseite aus den Jahren 1225 bis 1250. Es ist das früheste Werk gotischer Bildhauerkunst in den Niederlanden und zeigt Reliefs mit Szenen aus dem Leben Marias und 72 Skulpturen von Propheten, Königen, Aposteln, Heiligen und Engeln. Der Name „Bergportal" kommt daher, dass man von der Maasebene „den Berg hoch" zur Sint Servaasbasiliek gehen musste.

Die Schatzkammer

Die Schatzkammer beherbergt den **bedeutendsten Kirchenschatz der Niederlande** mit prunkvollen Reliquienschreinen, in denen die Überreste des hl. Servatius aufbewahrt werden, und wertvollen Überbleibsel mittelalterlicher Gewänder.

Den ersten Raum der Schatzkammer bildet die sog. **Servatiana**. Hier sind Gegenstände zu sehen, die mit dem heiligen Servatius in Verbindung stehen: Brustkreuz (990), Pilgerstab (9. Jh.) und Bischofsstab (11. Jh.). Diese Kunstwerke wurden allerdings erst später angefertigt, denn der heilige Servatius von Tongern lebte im 4. Jahrhundert. Lediglich die **Trinkschale aus römischem Glas** wurde um 300

n. Chr. hergestellt und könnte ihm tatsächlich als Trinkgefäß gedient haben. Prunkstück des Servatiana-Saals ist das **Brustbild des hl. Servatius**, entstanden um 1580. Auf dem Fußstück sind Szenen aus seinem Leben abgebildet, beispielsweise wie er vom Papst höchstpersönlich den Schlüssel für den Himmel überreicht bekam.

Im nächsten Raum sind **Reliquien** in wertvollen Behältnissen ausgestellt. Dabei handelt es sich in der Regel um Überreste eines Menschen, also häufig Knochen oder Zähne sowie Gegenstände, die ihm persönlich zugeschrieben werden. Von Servatius gibt es scheinbar recht viele kleine Reliquienstücke, die in Elfenbeinkästchen, silbernen Dosen und sogar Straußeneiern und einer Kokosnuss aufbewahrt werden, allesamt reich verziert und aus dem 13. und 14. Jh.

Die sog. **Noodkist**, ein Schrein, den man in Zeiten der Not (beispiels-

se Krieg oder Pest) feierlich durch die Stadt trug, ist ein wahres Prunkstück der maasländischen Goldschmiedekunst, angefertigt um 1160, und gehört zu den bedeutendsten Kunstwerken des Mittelalters in den Niederlanden. Abgebildet sind Jesus Christus, der hl. Servatius und die zwölf Apostel.

Warum war Servatius so bedeutend, dass sogar Könige und Kaiser zu seinem Grab pilgerten? Zum einen soll Servatius mit Jesus verwandt gewesen sein (ein Stammbaum in der Schatzkammer zeigt die Verwandtschaftsverhältnisse), zum anderen hatte er vom Papst persönlich den **Schlüssel zum Himmel** bekommen (auch dieser ist in der Schatzkammer zu sehen). Wer mit Servatius auf gutem Fuße stand, hatte somit auch gleich den Beistand der Großen des Christentums.

Ein dritter Raum in der Schatzkammer zeigt **Textilien** aus der Zeit zwischen dem 8. und dem 14. Jh. Einige Stoffüberreste sind sogar noch älter und lassen sich bis ins 4. Jh. zurückdatieren.

Im Obergeschoss befinden sich liturgische Gerätschaften wie Mons-

015ma-ug

🔼 *Hinter Gold, Silber und Edelsteinen verstecken sich Überreste des Schädels des heiligen Servatius*

tranzen und Kelche, außerdem ein silbernes **Armreliquiar** des Apostels Thomas sowie ein vermeintlicher Holzsplitter aus dem Kreuz Jesu, eingelassen in ein vergoldetes Kreuz.

> Keizer Karelplein 3, www.sintservaas. nl, Eintritt: 4,50 € Erw., Kinder bis 18 Jahre frei, geöffnet: Mo.–Sa. 10–17, So. 12.30–17 Uhr, Führungen durch die Schatzkammer um 13 und 15 Uhr

⑥ Sint Janskerk mit Kirchturm ★★ [C4]

Die ehemals katholische Kirche wurde 1632 in eine protestantische umgewandelt, wodurch das Kircheninnere heute eher nüchtern anmutet. Interessant ist die Besteigung des knallroten Kirchturms.

Er ist eine auffällige Erscheinung: Der 80 Meter hohe, rote **Kirchturm** ragt weit über dem Vrijthof hervor. Woher kommt die Farbe? Der Kirchturm ist aus **Mergelstein**, der vor den Toren Maastrichts aus dem Berg geholt wurde. Da der Stein relativ weich und porös ist, hat man ihn mit einer roten Schutzschicht aus **Ochsenblut** gegen Wettereinflüsse und Ungeziefer versehen. Der Turm kann bestiegen werden, allerdings nur bis zu einer Höhe von 43 m, von wo aus man eine fantastische Aussicht über die Stadt genießt.

Übrigens hatte der heutige Turm schon einen Vorgänger, doch dieser wurde im Juni 1373 von einem Wirbelsturm zerstört. Um 1400 kam ein neuer Turm, der sein heutiges Aussehen dem Architekten P.J.H. Cuypers verdankt, der 1890 eine gründliche Renovierung durchführte.

Die **Sint Janskerk** wurde rund 1200 im Stil der Gotik errichtet und sollte als Pfarrkirche für die Gemeinde der Sint Servaaskerk nebenan dienen,

Begehrenswerte Knochenreste

Reliquien sollen denjenigen Schutz gewähren, die sie ihr Eigen nennen können. Kein Wunder also, dass sie sehr gefragt sind und im Laufe der Zeit auch mal entwendet wurden. So geschah es – der Legende zufolge – auch mit den Reliquien des heiligen Servatius, die von Heinrich I. mitgenommen und nach Quedlinburg gebracht wurden. Die Maastrichter ließen sich den Raub ihres Kirchenschatzes nicht so einfach bieten und beschlossen, zum Gegenschlag auszuholen. Sie reisten nach Quedlinburg unter dem Vorwand, die Reliquien des heiligen Servatius zu besuchen und ihm zu Ehren ein Fest geben zu wollen. Als die Quedlinburger dem mitgebrachten Wein über alle Maßen zugesprochen hatten, packten sich die Maastrichter ihren Domschatz und brachten ihn zurück in die Sint Servaasbasiliek. Es soll das einzige Fest gewesen sein, an dem die Maastrichter vollkommen nüchtern waren.

denn aufgrund der vielen Pilger war die Kirche meist recht überfüllt. Die Sint Janskerk ist **Johannes dem Täufer** gewidmet (Johannes wird im Niederländischen als Jan abgekürzt). Im 14. und 15. Jahrhundert erfuhr das Gotteshaus immer wieder Veränderungen. So stammen beispielsweise der Chor, die Sakristei und die Taufkapelle aus dem 14. Jahrhundert. Auffallend sind das schöne **Kreuzrippengewölbe** und die **Säulenkapitelle** mit Engeln, Bischöfen und den zwölf Aposteln.

Als sich die reformierte Kirche von Deutschland aus auch in den Niederlanden verbreitete und 1571 zur offiziellen Kirche der Republik der Sieben Vereinigten Niederlande erklärt wurde, brauchte man Gotteshäuser.

Im Jahr 1632 wurde die Sint Janskerk in **protestantische Hände** gegeben. In diesem Zuge wurden die Wandmalereien mit katholischen Motiven weiß gekalkt und der Innenraum von allem „überflüssigen" Dekor befreit. Im Zentrum steht nun die Kanzel.

› Vrijthof 24, Eintritt kostenlos, Turmbesteigung Erw. 2,50 €, Kinder 1,50 €, geöffnet: Mo.–Sa. 11–16 Uhr

❼ Hoofdwacht (Militärische Hauptwache) ★[C4]

Das klassizistische Gebäude aus dem Jahr 1774 beherbergte früher die Hauptwache der Stadt – und die Schlüssel der Stadttore.

Eine Stadt, die am Maasübergang und somit strategisch günstig an mehreren Verbindungswegen liegt, war schon immer ein begehrtes Angriffsziel. Eine **Stadtwache** war daher unabdingbar. In der militärischen Hauptwache wurden früher die Stadtwachen koordiniert und die Schlüssel der Stadttore aufbewahrt. Zudem war eine kleine Truppe Soldaten mit Kanonen ausgerüstet und immer ein-

satzbereit. Vor der Hauptwache auf dem Vrijthof wurden militärische Paraden und Übungen abgehalten sowie Strafen ausgeführt. An der Fassade ist das **Wappen der Niederlande** zu sehen mit der Inschrift „Je maintiendrai" („Ich werde bewahren"/„Ich werde nicht aufgeben"). Der Ausspruch stammt aus dem 16. Jahrhundert von Prinz Wilhelm von Oranien und ist seit 1815 Bestandteil des niederländischen Wappens. Heute wird die militärische Hauptwache für **Ausstellungen** und als **Standesamt** genutzt.

› Vrijthof 25, Infos zu Ausstellungen unter http://maastrichtnet.nl

❽ Museum aan het Vrijthof ★★ [C4]

Im Museum am Vrijthof werden 500 Jahre Maastrichter Wohnkultur und Kunsthandwerk mit Ausstellungen moderner Kunst kombiniert. Weiterer Pluspunkt: ein schönes Café im Innenhof.

Das Museum befindet sich im **Spaans Gouvernement**, dem ältesten Wohnhaus, das bereits 1333 urkundlich erwähnt wurde. Es befindet sich direkt am Vrijthof, gut erkennbar am **roten Anstrich**, der als Schutz vor Insekten diente, denn der Mergelstein ist sehr weich und porös.

Betritt man das Museum, dann kommt man in einen überdachten **Innenhof**, in dem das Grand Café zur Pause lockt. Erst einmal sollte man aber das Eingangstor betrachten, durch das man soeben das Gebäude betreten hat. Es handelt sich um einen **historischen Torbogen**, an dem auf der linken Seite Karl V. und auf der rechten Seite seine Frau abgebildet sind. Er wurde im 16. Jahrhundert zu Ehren Karls V. errichtet, als dieser

Wo es sich schon Karl V. schmecken ließ

Neben dem für Kaiser Karl V. errichteten Torbogen befindet sich im Innenhof des Museum aan het Vrijthof ❽ das **Grand Café Maastricht Soiron**. Hier treffen sich viele Maastrichter auf ein Kaffeekränzchen. Zu Recht, denn die Atmosphäre zwischen historischen Säulen, barocken Kronleuchtern und modernen Bauelementen ist etwas Besonderes. Es gibt Tee und Kaffee des Maastrichter Rösters Blanche Dael und natürlich tagfrischen *vlaai*, aber auch Panini, Salate und belegte Brote.

die Stadt besuchte und hier über- nachtete. Außerdem residierten hier die spanischen Gouverneure.

Weiter geht es in die Museumsräu- me, die größtenteils **wechselnde Aus- stellungen** vor allem zeitgenössischer Kunst beherbergen. Interessant ist der Mix aus historischen Räumen, Kunstgegenständen und Möbeln aus fünf Jahrhunderten und modernen Werken. Bei der Auswahl der Künst- ler wird Wert darauf gelegt, dass das Gesamtbild überraschend und un- konventionell ist. Im Jahr 2016 bei- spielsweise hingen unter dem Motto „Luma" beeindruckende Lichtskulp- turen zwischen den historischen Ob- jekten. Tipp: Im ersten Stock gibt es einen Raum, in dem die Geschichte Maastrichts erläutert wird.

❯ Vrijthof 18, Tel. 3211327, www.museum aanhetvrijthof.nl, Eintritt: Erw.8 €, Kinder bis 6 Jahre gratis, Kinder 7 – 12 Jahre 2 €, Jugendliche und Studenten 4 €, geöff- net: Di.–So. 10 – 17.30 Uhr

❾ Kruisherenhotel ★★ [B4]

Modernes Design in gotischen Ge- wölben: Das Kruisherenhotel ist ein Fünfsternehotel in einem ehemaligen Kloster mit einem sehr idyllischen Innenhof.

Das frühere Kreuzherrenkloster aus dem 15. Jahrhundert mit goti- scher Kirche wurde zu einem **Hotel** umgebaut, mit überaus **interessan- ten und gewagten Designelemen- ten**, die sich auf spannende Weise in die gotische Umgebung einfügen. Dazu gehören ein tunnelförmiger me- tallener Zugang ins Kircheninnere und riesige Lampenkonstruktionen des deutschen Lichtkünstlers Ingo Maurer.

Heute befinden sich in der goti- schen Kirche Rezeption, Bar, Restau-

rant und Aufzüge, die zu den Hotel- zimmern führen. Wie auch in der Klos- terkirche Dominicanen ❹ wurde im Kirchenschiff ein mehrstöckiger Auf- bau errichtet, Entresol genannt, damit die Kirchenmauern nicht beschädigt werden. Im Kirchenschiff führt ein glä- serner Aufzug nach oben, von wo aus man über eine Laufbrücke in das Klos- tergebäude gelangt, in dem die 60 Ho- telzimmer untergebracht sind.

Tipp: Der Klostergarten **Pandhof**, umgeben von gotischen Fenstern, ist eine Oase der Ruhe. Ideal für einen Kaffee mit *vlaai* (s. S. 71). Auch wenn es sich beim Kruisherenhotel um ein Fünfsternehotel handelt, soll- te man keine Angst haben und ein- fach mal einen Blick in das spektaku- läre Kircheninnere und den Pandhof werfen.

❯ Kruiserengang 19 – 23, Tel. 043 3292020, www.oostwegelcollection.nl/ de/kruisherenhotel-maastricht/home

🔼 *Passendes Ambiente für eine Traumhochzeit: das Kruisherenhotel*

Onze Lieve Vrouweplein und Stokstraatkwartier

Onze Lieve Vrouweplein (Unser-Liebe-Frauenplatz) – das ist wahrlich ein langer Name, daher wird er unter den Maastrichtern auch als OLV-plein abgekürzt. Der OLV-plein ist das „Wohnzimmer" der Maastrichter.

Ein Glas Wein nach dem Stadtbummel? Eine kurze Pause in der ruhigen Kirche? Am OLV-plein ist man immer gut aufgehoben. Es gibt einige **Straßencafés** und im Sommer ist der Platz voll mit Korbstühlen und Bistrotischen unter weißen Sonnenschirmen. In der Vorweihnachtszeit ist der OLV-plein stimmungsvoll mit runden Leuchtkugeln geschmückt, die an den Bäumen hängen. Im Übrigen sitzen die Maastrichter auch in den kühleren Monaten gern draußen auf ihrem Platz. Tische und Stühle bleiben das ganze Jahr über stehen und Heizstrahler sorgen für Wärme.

Am Onze Lieve Vrouweplein thront auch die monumentale **Onze Lieve Vrouwebasiliek**, die eigentlich eher wie eine mittelalterliche Festung aussieht. Zu ihr gehört eine wundervolle Kapelle, die **Sterre-der-Zeekapel**, in der sich vor den Füßen der Marienstatue ein wahres Lichtermeer ausbreitet.

Sehr hübsch ist auch die **Kreuzung OLV-plein/Koestraat**, an deren Ecke sich gleich mehrere gute Restaurants mit kleinen Terrassen befinden. Wer hier an einem warmen Sommerabend entlanggeht, der fühlt sich wie in Südfrankreich!

⑩ **Onze Lieve Vrouwebasiliek „Sterre der Zee" (Liebfrauenbasilika)** ★★★ **[D4]**

Die Kreuzbasilika aus dem 11. Jahrhundert mit einem spätromanischen Chorraum und einer Schatzkammer wird von den Maastrichtern abgekürzt liebevoll „Slevrouwe" genannt. Am bekanntesten ist das Kerzenmeer vor dem Marienbild im Eingangsbereich, das einen wie magisch vom Platz in die Kirche hineinzieht.

Das heutige Gotteshaus stammt aus dem 11. Jahrhundert, doch man weiß, dass hier vorher schon eine Kirche stand, die zwischen dem 5. und 8. Jahrhundert Bischofskirche war. Sie befand sich damals noch innerhalb des römischen Castrum (der befestigten Siedlung) und neben einem **römischen Heiligtum**, was Ausgrabungen im benachbarten Hotel Der-

017ma-ug

lon ⓫ bewiesen haben (in der Kirche selbst wurde nie gegraben). Man nimmt an, dass die Kirche als Ersatz für das Heiligtum diente.

Als das römische Castrum rund 1000 n. Chr. aufgegeben wurde, nutzte man einen Teil der Steine für den Bau der neuen Liebfrauenkirche. Doch es dauerte noch bis zum Ende des 12. Jahrhunderts, dass mit der Errichtung des östlichen Chors der Kirchenbau beendet war.

In der Kirche ist eine **Holzstatue des heiligen Christophorus** zu sehen, der das Jesuskind auf seinen Schultern durch den Fluss trägt. Sie stammt vom Maastrichter Bildhauer Jan van Steffeswert (ca. 1470–1525). Früher glaubte man, dass der Anblick des heiligen Christophorus einen vor dem plötzlichen Tod bewahren konnte.

Im Jahr 1933 verlieh Papst Pius XI. der Kirche den Ehrentitel **Basilica minor**. Eine Basilica minor darf das päpstliche Wappen tragen, an der Liebfrauenkirche ist es über der Eingangspforte angebracht.

Vielen Maastricht-Besuchern bleibt ein Bild von Maastricht für immer in den Köpfen: wenn man an einem dunklen Herbstnachmittag über den Onze Lieve Vrouweplein schlendert und plötzlich ein **Kerzenmeer** zu Füßen eines Marienbildes vor sich sieht. Oft stehen die Tore zur Liebfrauenbasilika weit offen und dann fällt der Blick unwillkürlich auf diesen beeindruckenden Anblick. Wie von einem Magnet wird man davon angezogen und betritt die kleine Kapelle im Eingangsbereich der Liebfrauenbasilika, wo meist eine ganze Traube von Menschen steht. Viele beten und zünden

Kerzen an. Das **Marienbild** aus dem frühen 15. Jahrhundert ist deutscher Abstammung und entspricht der klassischen Vorstellung der „Schönen Madonna": Maria, mit einer Krone auf dem Haupt und in einem wertvollen Gewand, trägt auf dem linken Arm das Jesuskind und hält in der rechten Hand eine Frucht, nach der das kleine Jesuskind zu greifen versucht. Diese Mariendarstellung war bei den Maastrichtern schon immer derart beliebt, dass die Verehrung beinahe die des heiligen Servatius übertraf. Selbst einige Wunderheilungen sollen sich zu Füßen der schönen Madonna abgespielt haben.

Für den Beinamen Marias, „**Sterre der Zee**" („Meeresstern"), wird folgende Legende angeführt: Der Edelmann François II. van Kinschot soll im 17. Jahrhundert während einer Schiffsreise in Seenot geraten sein. Er bat Maria um Hilfe und versprach ihr, einen Altar zu stiften, wenn er wohlbehalten an Land zurückkehren würde. Dies geschah und so kam die schöne Madonna zu ihrem Altar – und zum Beinamen „Sterre der Zee".

Die **Schatzkammer** der Liebfrauenkirche kann zwischen Ostern und Ende Oktober täglich außer montags zwischen 11 und 15.30 Uhr besichtigt werden (3 €). Es wird der Kirchenschatz mit Kunsthandwerk aus mehreren Jahrhunderten gezeigt, darunter Reliquien, Kirchensilber und Prozessionsfahnen. Von besonderem Wert sind eine byzantinische Reliquienkiste und das Bischofsgewand des St. Lambertus, beide aus dem 9. Jahrhundert, sowie eine Stola von Johannes Paul II.

> ❯ Onze Lieve Vrouweplein 7, www.sterre-der-zee.nl, Kirchengebäude: tägl. 8.30–17 Uhr, Marienkapelle „Sterre der Zee": tägl. 8–20 Uhr, Einritt frei

◁ *Bei den Maastrichtern sehr beliebt: Maria, Sterre der Zee*

⓫ Römische Ausgrabungen im Derlon Hotel ★★ [D4]

Als im Jahr 1983 das Hotel Derlon am Onze Lieve Vrouweplein umgebaut wurde, stieß man im Keller auf **außergewöhnliche Funde aus der römischen Zeit**. Die Steinbrocken lagen in einer Tiefe von sechs Metern. Im Laufe der Jahrhunderte hatten sich Bauschutt, Brand- und Besiedlungsreste über die Ruinen gelegt, sodass das Straßenniveau heute wesentlich höher liegt als zu damaliger Zeit.

An der Stelle, an der sich jetzt das Hotel Derlon befindet, verlief an einer damals zu Fuß überquerbaren Stelle der Maas eine wichtige Straße, die von Frankreich zum Rhein führte. Dort errichteten die Römer im 1. Jh. v. Chr. eine Siedlung. Rund 100 n. Chr. kam ein Heiligtum hinzu, zu dem ein Tempel gehörte, dessen Hauptkomplex heute unter der Onze Lieve Vrouwebasiliek liegt. 270 n. Chr. wurde die Siedlung verwüstet, 333 baute man an dieser Stelle ein Castellum, das später als Keimzelle für die mittelalterliche Stadt diente.

Beim Umbau des Hotels wurden **Pflastersteine der römischen Straße** und **Überreste eines Brunnens** und der **Fassade des Heiligtums** entdeckt. Dazu gehören auch Bruchstücke von Altären, Säulen und einer Jupiterstatue. Aufgrund der Bedeutung der Funde hat man die Pläne für den Umbau entsprechend angepasst und heute befindet sich im Untergeschoss des Hotels ein **Museumskeller**, der frei zugänglich ist.

❯ Onze Lieve Vrouweplein 6. Der Museumskeller ist über das Hotel Derlon in den Nachmittagsstunden gratis zugänglich. Am Morgen und am Abend wird der Keller zur Bewirtung der Hotelgäste genutzt.

⓬ Stokstraat ★★★ [D4]

Wo früher Bordelle und Arme-Leute-Häuser standen, lädt heute die exklusivste Shoppingstraße der Niederlande zum Einkaufsbummel ein.

Hier kann man bei **Kiki Niesten** (s. S. 93) schon mal 1000 € für ein Kleid oder bei **Shoebaloo** (s. S. 93) 500 € für neue Stiefel loswerden. Doch keine Angst um das hartverdiente Geld, denn es geht auch anders: Beispielsweise bei **Purdey** oder **Petit Bateau** gibt es auch günstigere Kleidungsstücke. Ob nun mit prallgefülltem Geldbeutel oder leergefegtem Konto – ein Bummel durch die schmale und damit autofreie Stokstraat ist immer schön, schon allein wegen der bezaubernden, **weiß getünchten Backsteinhäuser** und der *gezelligen* Atmosphäre. Wer dem Shopping gar nichts abgewinnen kann, der lässt sich in einer der zahlreichen Kneipen und Cafés nieder, zum Beispiel im **Café In de Karkol** (s. S. 83).

Schon zu **römischer Zeit** standen hier Häuser, das ergaben Grabungsarbeiten in einem Keller in der Stokstraat 24. Man fand Überreste einer Bädereinrichtung, die vermutlich zu einem römischen Thermenkomplex gehörte, der sich bis zum benachbarten Platz erstreckte. Dieser Platz bekam konsequenterweise den niederländischen Namen Op de Thermen, also „auf den Themen".

Im **Mittelalter** lebten in der Stokstraat hauptsächlich Händler zwischen den „Badehäusern", in denen man dem horizontalen Gewerbe nachging. Der Ruf des Viertels war damals vom heutigen Ansehen weit entfernt. Erst im **17. und 18. Jahrhundert** kam der Aufschwung: Große Herrenhäuser mit Bedienstetenwohnungen im Hinterhof wurden errichtet. Doch als die reiche Oberschicht im 19. Jahrhundert lieber in einer Villa auf dem Lande wohnte, ging es mit der Stokstraat erneut bergab. Während der **industriellen Revolution** hausten in den 1- bis 2-Zimmer-Wohnungen oftmals bis zu zehnköpfige Familien. Wieder entwickelte sich das Viertel zu einem Auffangbecken für Arme, Prostituierte, Alkoholiker und sozial Schwache. Eine Gegend, um die man lieber einen großen Bogen machte.

Erst nach dem Zweiten Weltkrieg wurde das Problemviertel gründlich saniert, alle Bewohner wurden umgesiedelt. Die Stadt plante, aus dem **Stokstraatkwartier** ein Einkaufs- und Wohnviertel *met allure* („von Welt") zu machen. Das ist den Stadtvätern gelungen. Neben Luxusgeschäften hat die Stokstraat aber noch etwas Anderes zu bieten: In ihr stehen nämlich **45 denkmalgeschützte Häuser.** Die meisten stammen aus dem 17. und 18. Jahrhundert und wurden im Stil der **maasländischen Renaissance** errichtet. Das Gebäude mit der Hausnummer 43 hat sogar noch ein Portal aus dem 15. Jahrhundert.

Am Ende der Stokstraat, neben der Onze Lieve Vrouwebasiliek ❿, stößt man rechter Hand auf das **Wachthuis Graanmarkt.** Das Wachhäuschen wurde 1786 errichtet und beherbergt heute eine Eisdiele.

Gegenüber dem Wachthuis sitzt auf einer kleinen Mauer die Skulptur des Pieke mit seinem Hund Maoke. Es sind die Helden eines Romans von Bèr Hollewijn, der sich im Stokstraatviertel abspielt.

❭ Stokstraat

❭ *Shoppen mit Stil: in der Stokstraat*

EXTRATIPP

Europastern: meet Europe
Am Ende der Stokstraat, bei der Onze Lieve Vrouwebasiliek ❿ und nahe dem Wachthäuschen, steht ein **großer roter Stern,** das Markenzeichen von Maastricht. Das beliebte Fotomotiv soll die Kernwerte der Stadt verdeutlichen (offen, authentisch, dynamisch, gemütlich und zukunftsorientiert) und den internationalen Charakter. Und natürlich erinnert der Stern auch an den **Vertrag von Maastricht,** der hier im Jahr 1992 von zwölf Außen- und Finanzministern geschlossen wurde und die Grundlage für die Europäische Union legte.

018ma-n

Jekerkwartier (Jeker-Viertel)

Das Jekerkwartier ist eine wunderbare Mischung aus Jung und Alt, Moderne und Tradition und kann auf eine lange Geschichte als Viertel der Müller, Gerber und Tuchmacher zurückblicken.

Jung ist hier nicht im Sinne von modernen Gebäuden gemeint – die gibt es hier selten –, sondern eher im Sinne von jungen Leuten, denn im Jekerkwartier stehen viele **Universitätsgebäude**, aber auch das Konservatorium und die Jan van Eyck Academie, ein postakademisches Institut für bildende Kunst. All das führt dazu, dass es im Jekerkwartier nur so von jungen Leuten aller Nationen wimmelt, denn an der **Maastricht University** lernen 16.500 Studenten aus aller Herren Länder. Die Bandbreite der Fakultäten reicht von „Art and Social Sciences" über Medizin und Jura bis zu Psychologie. Zwischen den vielen altehrwürdigen Gebäuden aus dem 17. und 18. Jahrhundert, der historischen Stadtmauer und dem ältesten Stadttor der Niederlande, dem **Helpoort**, geht es lebhaft und multikulturell zu, ohne dass das wunderbare Flair der historischen Stadt Einbußen erleiden würde. Im Gegenteil, in den Altbauten des Jekerkwartiers haben sich viele Geschäfte, Cafés und Restaurants niedergelassen, teilweise mit kreativen und innovativen Konzepten.

Auch der **Einkaufsbummel** sieht im Jekerkwartier anders aus als im Rest von Maastricht: Skatermode, selbst entworfene Hüte und Schmuckstücke, orientalische Kunst und selbst gebackenes Brot. Das Jekerwartier ist

auch Treffpunkt für Genießer: Die **Bischofsmühle** ⓭ verkauft *vlaai*, **Adriaan de Smaakmaker** (s. S. 89) Marmeladen, **Le Salonard** (s. S. 91) Brot aus Biozutaten.

Auch am Abend wird es hier keineswegs langweilig. Man trifft sich im **Take Five** (s. S. 83) oder im **D'n Hiemel** (s. S. 83). Trotz allem ist das Jekerkwartier auch eine grüne Oase: Im Schatten der Stadtmauer am Fluss Jeker und im Stadtpark an der Maas lässt sich prima eine Pause vom Stadtbummel einlegen.

Zur Geschichte des Jekerkwartiers: Der Name kommt vom Fluss **Jeker**, der durch das Viertel, besser gesagt durch den Stadtpark, fließt. An ihm standen früher 13 **Mühlen,** von denen nur noch die Bischofsmühle übrig ist. Wo Wasser war, siedelte sich im Mittelalter auch Gewerbe an. Im Jekerwartier waren dies – neben den Müllern – auch die Tuchmacher und die Gerber. Letztere machten aus Tierhäuten Leder, was nicht nur einen entsetzlichen Gestank mit sich brachte, sondern auch das Wasser des Jeker verschmutzte, in dem die Tierhäute gereinigt wurden. Die **Gerber** heißen im Niederländischen *looier* und Straßennamen wie Looiersstraat und Looiersgracht erinnern noch daran, wer hier früher wohnte und arbeitete.

Heute ist die **Grote Looiersstraat** eine wunderschöne Allee mit stattlichen Herrenhäusern. An ihrem Ende, nahe dem **Naturhistorischen Museum** ⓲, steht ein Standbild von Alfons Olterdissen (1865–1923). Er war der bekannteste Schriftsteller, Dichter und Komponist Maastrichts. Der Schlusschor aus seiner komischen Oper „Trijn de Begijn" wurde zum Maastrichter Volkslied.

▷ *Dank Wasserkraft gibt es in der Bisschopsmolen köstlichen „vlaai" (s. S. 71)*

019ma-ug

⑬ Bisschopsmolen (Bischofsmühle) ★★ [D5]

Es klappert die Mühle am rauschenden Bach ... und das mitten in der Stadt! Allerdings muss man wissen, wo sich das alte Mühlenrad versteckt.

Die alte **Wassermühle**, deren Ursprünge bis ins 7. Jahrhundert zurückgehen, befindet sich mitten im idyllischen Jekerkwartier. Sie ist die älteste noch funktionierende Mühle ihrer Art. Ihren Namen erhielt sie im 11. Jahrhundert, als der damalige Eigentümer Herzog Godfried van Bouillon sie an den Lütticher Fürstbischof verpachtete, um aus dem Erlös seinen Kreuzzug zu finanzieren. Als der vermögende, aber kinderlose Herzog in Jerusalem verletzt wurde und an seinen Verwundungen starb, erbte der Bischof die Mühle. Seitdem heißt sie Bisschopsmolen, also Bischofsmühle.

Rund vierhundert Jahre später nutzen sie die Maastrichter Bierbrauer und seit 2005 ist sie in Händen des Bäcker- und Müllersohns Frank van Eerd, der nicht nur die Mühle wieder in Schuss brachte, sondern auch den umliegenden Gebäuden neues Leben einhauchte. Die Mühle wird seitdem zum **Mahlen von Dinkel** genutzt, den die Gulpener Brauerei für ihr Korenwolfbier verwendet. Die Bäckerei verwendet das Mehl zum Backen von Brot und Kuchen.

In der Bisschopsmolen kann man sich Mühlenrad und Mahlwerke ansehen, sich im Café einen *vlaai* schmecken lassen oder Dinkelbrot aus der Bäckerei mitnehmen.

❭ Stenenbrug 3, www.bisschopsmolen.nl, geöffnet: Di.–Sa. 9–18 Uhr, So. 10–17 Uhr

⑭ Faliezustersklooster ★ [D5]

Maastricht hat eine reiche Klostertradition, so waren beispielsweise die Franziskaner acht Jahrhunderte lang in der Stadt vertreten und gründeten im Laufe der Zeit rund zwanzig Klöster. Ende des 18. Jahrhunderts gab es drei für Männer und sieben für Frauen. Eines davon ist das Faliezustersklooster nahe der Stadtmauer. Hier wohnten Nonnen, die sich hauptsächlich um die Versorgung der Kran-

ken kümmerten. Der Name Faliezuster setzt sich zusammen aus *zuster* („Schwester") und *falie,* das vom französischen Wort *voile* für Schleier abstammt. Das Gebäude stammt aus dem Jahr 1647. Als der Orden immer weniger Nonnen zählte (im Jahr 1796 waren es nur noch sechs), wurde das Kloster aufgegeben. Die dazugehörige Kapelle wurde 1865 abgerissen. Heute ist das fotogene Gebäude mit den rot-weißen Fensterläden in Privatbesitz.
> Faliezusterspark

⑮ Helpoort (Stadttor) ★★ [E5]

Der mächtige Helpoort ist das einzige noch erhaltene Stadttor von Maastricht. Errichtet wurde es ca. 1230, nachdem Hendrik I., Herzog von Brabant, seine Zustimmung zum Bau einer Stadtmauer gegeben hatte. Der Helpoort ist somit auch das **älteste Stadttor der Niederlande** und bildet einen Teil der ersten Befestigungsanlage der Stadt.

⌂ *Der Helpoort,*
das älteste Stadttor der Niederlande

Mit seinen beiden rund 24 Meter hohen **Türmen** und den darin eingelassenen Schießscharten ist das Gebäude eine beeindruckende Erscheinung. Es diente ja auch jahrhundertelang der Verteidigung der Stadt. Erst im Jahr 1867 beendete König Willem III. den Status von Maastricht als Festungsstadt. Danach wurden ein Großteil der Stadtmauer und die anderen Stadttore dem Boden gleichgemacht, denn schließlich konnte sich die Stadt nun endlich ausbreiten. Ein paar engagierten Bürgern ist es zu verdanken, dass die historische Stadtmauer und der Helpoort im Jekerkwartier erhalten geblieben sind.

Das Stadttor kann von Ostersonntag bis Mitte Oktober an jedem Nachmittag von 12.30 bis 16.30 Uhr besichtigt werden. Im Gebäudeinneren ist eine kleine **Ausstellung** zum Thema „Maastricht als Festungsstadt" zu sehen. Der Eintritt ist frei, um eine freiwillige Spende wird gebeten.
> Sint Bernardusstraat 24 b

⑯ Historische Stadtmauer und Stadtpark ★★ [D6]

Nirgendwo sonst in der Stadt wird so deutlich, dass Maastricht jahrhundertelang eine Festungsstadt war, wie hier.

Maastricht befand sich schon immer an einem strategisch wichtigen Ort, nämlich der einzigen Stelle der Maas, die man durchwaten konnte und an der die Römer später eine Brücke bauten. Maastricht wurde daher auch als das „**Bollwerk der Niederlande**" bezeichnet. Von der Römerzeit bis 1867 wurde die Stadt von Verteidigungsbauwerken wie Stadtmauer und Stadttoren geschützt. Die erste Stadtmauer entstand im 13. Jahrhundert. Ihre Überreste sind an

Lang Grachtje, Preekherengang, Jekertoren und Helpoort 15 zu sehen. Ein Jahrhundert später wurde eine zweite Stadtmauer errichtet, denn die Stadt war inzwischen gewachsen und die neuen Stadtviertel mussten ebenfalls geschützt werden. Zu dieser zweiten Stadtmauer gehört auch der Teilbereich am Stadtpark.

Auf die **Stadtmauer** gelangt man an mehreren Stellen, beispielsweise am Helpoort oder an der Nieuwenhofstraat, Ecke Zwingelput [C6]. Hier ist sie besonders breit und lädt zu einer Pause auf einer Bank ein. Zu Füßen der Mauer in Richtung des Flusses Jeker breitet sich der **Stadtpark** aus. Mit seinen 175 Jahren gehört er zu den ältesten Parkanlagen der Niederlande. Er diente früher als Exerzierplatz und als Spazierterrain für Offiziere.

Im Stadtpark befindet sich neben Entenweiher, Vogelvolieren, Wildgehege, Kinderbauernhof und Spielplatz auch die sog. *Berenkuil*, die **Bärengrube**. Von 1920 bis 1993 lebten in dem Zwinger Braunbären, teilweise waren es Pärchen, deren Bärenjungen nicht überlebten, teilweise war es eine ganze Bärenfamilie mit drei Jungen. Nach heutigen Maßstäben ist die Bärengrube bei Weitem nicht mehr angemessen, um Bären zu halten, doch in früheren Zeiten war ihr Besuch ein beliebter Sonntagsausflug. Dann aber mehrten sich Protestaktionen mit der Forderung, die Tiere an einen Zoo abzugeben.

Wer heute die Bärengrube besucht, der findet dort das Kunstwerk „**Halbautomatische Trostmaschine**", entworfen vom niederländischen Künstler Michel Huisman. Es zeigt eine lebensgroße, tote Giraffe, die von einer Frau gestreichelt wird. Eigentlich sollte im Zentrum des Kunstwerks ein Bär stehen, doch der Künstler entschied sich in letzter Minute für eine Giraffe (der trauernde Bär sitzt nun

Entspannen trotz Kanonen: auf einer Wiese vor der Stadtmauer

Picknick auf der Stadtmauer

Im Jekerkwartier befindet sich ein kleiner Laden, der bis unter die Decke mit Kochutensilien vollgestopft ist. Dazwischen stehen ein paar Tische und Stühle, selbstgemachte Brote wie Kartoffelbrot mit Kurkuma türmen sich auf einer Anrichte, und Käselaibe (ebenfalls hausgemacht) liegen in der Kühlvitrine. Zur Mittagszeit zieht sich durch den kleinen Laden eine Menschenschlange, die bis zum Eingang reicht. Der Laden heißt **Cato by Cato** und ist das Reich von Jeffrey Kuckelkorn, der sich zum Liebling der Studenten entwickelt hat. Jeffrey holt die Aromen aus der ganzen Welt nach Maastricht, kocht daraus die herrlichsten Speisen und packt sie ein – zum Mitnehmen. Seine Gerichte bestehen aus kleinen Happen oder aus Salat bzw. einer Schüssel Reis mit verschiedenen Toppings. Eine wahre Geschmacksexplosion! Am besten kommt man an einem warmen Sommertag, lässt sich die Zutaten (mehrere kleine Gerichte) für ein Picknick zusammenstellen und nimmt das Paket mit auf die nahegelegene Stadtmauer, auf der Bänke zwischen den Grünanlagen stehen – ein fantastischer Ausblick über die Stadt inklusive. Bei schlechtem Wetter isst man bei Jeffrey im kunterbunten Laden oder lässt sich seine Gerichte in der Cafeteria der Jan van Eyck Academie (Academieplein 1) schmecken (das Catering für die Künstler kommt von Jeffrey). Erfreulich sind auch die bezahlbaren Preise für ein sehr hochwertiges Essen, das komplett frisch zubereitet wird und auch Vegetarier und Veganer erfreut.

> 1 [D5] **Cato by Cato** €,
> Stenenbrug 9a, Tel. 3216532,
> www.catocatering.nl

auf einer Bank). Der Begriff „halbautomatisch" rührt daher, dass der Arm der Frau durch einen Stuhl mit Drehmechanismus angetrieben werden kann. Durch Vandalismus wird jedoch das Kunstwerk leider immer wieder beschädigt. Interessantes Detail: Das Kleid der trauernden Frau in der Bärengrube wird alle sechs Monate von Modestudenten der Akademie für Bildende Künste neu entworfen.

In der Nähe der Bärengrube (Richtung Tongersestraat) steht das **d'Artagnan-Monument,** das Charles de Batz de Castelmore, Comte d'Artagnan, gewidmet ist. Er gehörte zu den drei Musketieren und fiel im Jahr 1673 während der französischen Belagerung von Maastricht.

> Henri Hermanspark

🔴 Tapijnkazerne ★   [C6]

Das Gelände und die Gebäude der **ehemaligen Kaserne** sind derzeit noch „work in progress", aber spannend ist es schon: Da wird plötzlich – fast mitten in der Stadt – ein weitläufiges Gelände mit diversen Gebäuden und viel Grünfläche frei und jeder will es haben: Universität, Start-ups, Künstler, Immobilienmakler usw. Zwei Dinge hat die Gemeinde schon mal festgelegt: Es soll ein **öffentlicher Park** entstehen und die **Maastricht University** darf hier neue Gebäude errichten. Ende 2017 will man mit dem Bau beginnen, im Jahr 2020 soll alles fertig sein.

Doch bis es soweit ist, werden die Bauten von Lehreinrichtungen, aber auch von Künstlergemeinschaften genutzt. In der ehemaligen Offizierskantine hat sich das Restaurant **Tapijn** (s. S. 79) niedergelassen – mit einer großen Sonnenterrasse.

> Tapijnkazerne, Jekerkwartier

⑱ Naturhistorisches Museum ★★★ [C5]

Naturhistorische Museen mit ihren präparierten Tieren sind überall auf der Welt ein interessantes Ausflugsziel. Das Naturhistorische Museum in Maastricht zeigt neben Flora und Fauna auch die Geologie der Gegend und beeindruckt mit 50.000 verschiedenen Pflanzen- und Tierarten. Zudem gibt es ein ganz besonderes Highlight: die Mosasaurier.

Gleich neben dem Eingang zum Museum (die schweren Bronzetüren stammen vom Maastrichter Künstler Han van Wetering) befindet sich ein Ausstellungsraum, in dem interaktive **Wechselausstellungen** zu sehen sind.

Im Hof des Museums ist das Mosaleum zu sehen, ein gläserner Kubus, der einen **Mosasaurus namens Bèr** (offizieller Gattungsname: Prognathodon saturator) beherbergt. Das Meeresraubtier wurde 1998 in einer Kalkgrube in Sint-Pieterberg bei Maastricht gefunden. Erhalten geblieben ist vor allem der riesige Schädel, der Rest des Körpers wurde größtenteils von Haien aufgefressen. Letzteres weiß man, weil Haifischzähne zwischen den Knochen von Bèr steckten.

Der weitere Weg führt durch Ausstellungsräume, welche die **Geschichte von Maastricht und Umgebung** zeigen, beginnend Millionen von Jahren vor unserer Zeit, als der Superkontinent Pangäa noch existierte. Die Ausstellung führt wie eine Zeitreise durch die verschiedenen Erdzeitalter wie Devon, Karbon, Kreidezeit, Paläogen, Neogen und Quartär. Zu sehen sind u.a. **Fossilien**, denn in den Mergelgruben am Sint-Pietersberg wurden mehrere Hunderttausende Entdeckungen gemacht, u.a. versteinerte Korallen,

Ammoniten (Tintenfischart), Seelilien, Schwämme, Urpflanzen, Riesenlibellen, Meeresschnecken und -schildkröten.

Am interessantesten ist aber sicherlich der Raum mit den **Mosasauriern**, von denen sechs verschiedene Arten im Maastrichter Kalkstein gefunden wurden. Hier sind auch die bisher präparierten Überreste von Carlo (s. S. 40), eine originalgetreue Nachbildung eines Mosasaurier-Skeletts und eine gigantische Meeresschildkröte zu sehen. Man vermutet, dass die Wucherung an ihrem Bein vom Biss eines Mosasauriers stammt. Übrigens sind die Mosasaurier strenggenommen keine Dinosaurier, denn sie lebten nicht auf dem Land. Sie gehören vielmehr zu den Meeresreptilien.

In den Jahren 70.000 bis 10.000 v. Chr. war dort, wo das heutige Maastricht liegt, eine Polarwüste, in der Mammuts und Höhlenbären, von denen es ebenfalls Knochen zu bestaunen gibt, lebten. Interessant ist auch das Modell einer Siedlung, wie sie zur **Zeit der Römer** ausgesehen haben muss. Auf ihren Fundamenten entstand die heutige Stadt – an der damals einzigen Brücke über die Maas.

Angelangt in der Gegenwart trifft der Besucher auf lebensechte **Dioramen**, u.a. vom Lebensraum Wald, und Insektarien. Anhand eines interaktiven Ausstellungsmoduls werden die Gesänge von rund 30 einheimischen Vögeln vorgestellt.

Das **Kabinett** ist bereits 90 Jahre alt und zeigt, wie früher die naturhistorischen Museen aussahen: Vitrinen voller in Alkohol oder Formalin konservierter Taranteln, Fledermäuse und Kolibris sowie sorgsam beschriftete, präparierte Objekte, unter ihnen Vögel und ein sog. **Rattenkönig**.

Die Mosasaurier

Vor Millionen von Jahren lag der Ort, an dem sich heute Maastricht befindet, noch nicht zwischen Hügeln eingebettet im Trockenen, sondern inmitten eines tropischen Meeres. Die Funde, die man heute vor allem in der ENCI-Grube nahe der Stadt ausgräbt, stammen demnach von Meeresbewohnern. Das beeindruckendste Exemplar, das zum Vorschein kam, ist der Mosasaurier. Er war bis zu 17 Meter lang und ähnelte einem Fisch mit Schwanzflosse. Besonders imposant ist sein großes Maul, das sich dank eines speziellen Kiefergelenks besonders weit aufreißen ließ, um Flugsaurier, Seevögel und große Fische zu verschlingen – wortwörtlich, denn sie konnten mit ihren Zähnen die Beute nicht zerkauen.

Der Name Mosasaurier stammt vom Fundort (lat. Mosa = Maas), denn das erste versteinerte Exemplar wurde im Jahr 1770 im Untergrund von Maastricht in einer der Mergelhöhlen gefunden. Die französischen Truppen, die die Stadt belagerten, beschlagnahmten „das Ungeheuer" und brachten es nach Paris. Die Maastrichter verübeln es den Franzosen noch heute, dass sie ihr „Monster" entführt ha-

ben. Doch inzwischen wurden weitere Mosasaurier-Exemplare entdeckt, die nach ihren Findern benannt wurden und für Saurier vielleicht ungewöhnliche Namen tragen wie Kristine oder Lars. Der 13 Meter lange und rund 67 Millionen Jahre alte Carlo wurde vom Baggerfahrer Carlo Brauer gefunden. 40 Prozent seines Skelettes und sein Schädel sind noch in guter Verfassung und werden in den nächsten Jahren hergerichtet. Teilweise sind die Knochen schon im Museum zu sehen.

Auch der 14-jährige Lars Barten fand zusammen mit seinem Vater einen Mosasaurus, der nun ebenfalls seinen Namen trägt. Auch Lars wird in den nächsten Jahren „aufgemöbelt". Wer dabei zusehen möchte, kann durch eine Glaswand den (Hobby-)Paläontologen im Naturhistorischen Museum bei ihrer Arbeit zusehen und Fragen stellen. Übrigens gibt es einen Mosasaurier auch im Film „Jurassic World" in Aktion zu bewundern.

⊡ *Der Mosasaurier,*
eine schwimmende Echse aus dem
Maastrichter Untergrund

022ma-ug

Dabei handelt es sich nicht um eine ranghohe Ratte, sondern um mehrere junge Ratten, deren Schwänze sich im Nest verknotet hatten, was zu ihrem Tod führte. Dieses Exemplar eines Rattenkönigs ist das einzige, das in den Niederlanden zu sehen ist.

Zu guter Letzt führt der Weg am **Sciencelab** vorbei, wo die Paläontologen an der Arbeit sind. Über eine Treppe geht es in den Keller, wo es Nachbildungen eines Feuersteinbergwerks und eines Mergelsteinbruchs zu sehen gibt.

Ein Beusch im Naturhistorischen Museum ist vor allem auch für einen Ausflug mit Kindern sehr lohnenswert, allerdings sind die **Beschriftungen** der Exponate leider **nur auf Niederländisch.** Wer Informationen auf Deutsch möchte, der kann an der Kasse für 3,50 € einen Museumsführer erwerben.

❯ De Bosquetplein 6–7, Tel. 3505490, www.nhmmaastricht.nl, geöffnet: Di.–Fr. 11–17 Uhr, Sa./So. 13–17 Uhr

⑲ Huys Op Den Jeker (Haus auf dem Jeker) ★ [C5]

So machte man das früher: War im Stadtbereich kein Platz mehr für ein neues Haus, dann baute man es einfach über den Fluss. Das Haus mit dem Treppengiebel und den weißen Fensterläden wurde 1733 im Stil der **Maasländer Renaissance** wie eine Brücke über einem – schmalen – Flussarm des Jeker errichtet. Das Baumaterial bestand aus roten Backsteinen, doch der für die Region typische Mergelstein findet sich in Zwischenschichten. Auffallend ist der über dem Jeker angebrachte Erker, in dem sich das *schijthuis* („Scheißhaus") befand.

❯ Bonnefantenstraat 5

Sphinxkwartier

So wie in Amsterdam die alte Westergasfabriek zu einem kreativen und kulturellen Hotspot umgewandelt wurde, so soll nun in Maastricht das **Gelände der alten Sphinxfabrik** im Laufe der nächsten Jahre zum neuen Szeneviertel für Künstler, Kreative, Studenten, Touristen, Party People und Genießer werden. Einige Projekte wurden bereits umgesetzt, andere sind noch in der Planungsphase.

Doch erst einmal: Was ist überhaupt Sphinx? Das Unternehmen Koninklijke Sphinx war eine **Keramikfabrik,** die im Jahr 1834 von Petrus Regout in Maastricht gegründet wurde und hauptsächlich Sanitärkeramik wie Waschbecken und Kloschüsseln herstellte, später auch Geschirr. Ganze 170 Jahre war hier am Rande der Maastrichter Altstadt eines der ersten niederländischen Industriegebiete ansässig. Der angrenzende Industriehafen, **Het Bassin** ㉑, diente zur Verschiffung der Toiletten und Waschbecken und zur Anlieferung von Rohmaterial. Im Jahr 2006 schloss das Unternehmen Sphinx seine Tore. Zwar wird heute noch Keramik unter dem Namen hergestellt, allerdings nicht mehr in Maastricht.

Zum Sphinxkwartier gehört das **Eiffelgebouw (Eiffel-Gebäude)** ㉒, in das 2018 ein Studentenhotel einziehen soll. Weiterhin beherbergt das Viertel direkt neben dem Eiffel-Gebäude mit dem **Pathé** (s. S. 85) ein großes **Kino** mit acht Sälen. In der ehemaligen Elektrizitätszentrale der alten Sphinxfabrik am Binnenhafen **Het Bassin** ist im Jahr 2016 das Arthouse-Kino **Lumière Cinema** (s. S. 85) eingezogen. An diesem Freizeithafen kann man auch hervorragend in einem der vielen Restaurants in der

Superreich und unbeliebt: Petrus Regout

Der 1801 geborene Petrus Regout, der den Spitznamen „Pie" trug, gehörte zu den Superreichen seiner Zeit. Er verbrachte seine ersten Arbeitsjahre mit dem Handel von Porzellan und Steingut.

Als durch eine drei Jahre andauernde Blockade während des belgischen Aufstandes in Maastricht kein Glas mehr zur Verfügung stand, stieg er in die Glasproduktion ein. Er kaufte 1834 eine Dampfmaschine, stellte Schleifer ein und gründete seine „stoomglasfabriek", eine dampfbetriebene Glasfabrik. Damit legte Regout nicht nur den Grundstein für die Sphinxfabrik, sondern auch für den Beginn der Industrialisierung in den Niederlanden. Eine Nagel-, eine Gewehr- und eine Gasfabrik folgten.

Das heutige Sphinxkwartier war damals Regouts Heimat. Der Hafen Het Bassin wurde zum Anliefern von Rohstoffen und zum Abtransportieren von Fertigprodukten angelegt, dort standen seine Fabrikgebäude und seine Mitarbeiter wohnten in den benachbarten Straßen. Als im Jahr 1847 eine Rezession sein Imperium bedrohte, ließ Regout einfach weiterproduzieren, in der Hoffnung, diese Krise würde nicht allzu lange andauern. Er behielt Recht und konnte seine Produkte danach zu einem noch höheren Preis verkaufen.

Es kam die Zeit, für einen angemessenen Wohnsitz zu sorgen, den er im Schloss Vaeshartelt (heute das Hotel Buitenplaats Vaeshartelt, s. S. 127) am Stadtrand von Maastricht fand. Im Jahr 1853 arbeiteten bereits über Tausend Arbeitnehmer für Regout,

zehn Jahre später hatte sich die Anzahl verdoppelt.

Mit der Führung des Unternehmens wurden nach und nach seine fünf Söhne betraut. Regout selbst widmete sich im Alter der Politik. Er war Mitglied der Handelskammer, des Gemeinderats und sogar des niederländischen Parlaments. Er starb im Jahr 1878 und hinterließ ein Imperium, das als Basis für die spätere Sphinxfabrik diente, die u. a. Toiletten und Waschbecken aus Keramik herstellte.

Regout wurde zwar geachtet, aber nicht unbedingt geliebt. Als ihm im Sphinxkwartier ein Denkmal errichtet wurde, gab es Proteste von Seiten vieler Maastrichter. Zu hart war sein Regiment, zu sehr war er auf seinen eigenen Vorteil bedacht. Ihm wurden Kinderarbeit in seinen Fabriken und Freiheitsentzug vorgeworfen. So sollten seine Glasbläserlehrlinge durch einen Tunnel von ihrer Unterkunft direkt zur Fabrik geführt worden sein. Wie kontrovers die Meinungen über den großen Sohn der Stadt sind, lässt sich u. a. daran erkennen, dass nie eine Maastrichter Straße nach ihm benannt wurde.

Den Vogel schossen jedoch Regouts Söhne ab, die vor einer parlamentarischen Untersuchungskommission angeblich zum Besten gaben: Auch Studenten würden ja wohl mal eine Nacht durcharbeiten, ohne gleich daran zu erkranken. Kindern dürfte das damals auch nicht geschadet haben. Und was die schlechten Arbeits- und Wohnverhältnisse der damaligen Mitarbeiter betraf - es könne eben nicht jeder gleich glücklich sein.

Sonne sitzen oder sich ein Motorboot mieten. Hier herrscht im Sommer eine fantastische Atmosphäre!

Neben der ehemaligen Elektrizitätszentrale steht die **Timmerfabriek**, in der der International Students Club sein Zuhause hat. Ab 2018 sollen hier internationale Studenten eine Art „Wohnzimmer" bekommen, in dem sie sich treffen, aber auch Workshops, Lesungen und Feiern veranstalten können.

Neben der Grünfläche **Frontenpark** 🕗 befindet sich **Het Radium**. Früher wurden hier Reifen und Gummi hergestellt, heute ist das Industriegelände ungenutzt. Der Name Radium stammt von der Aufschrift auf einem der alten Schornsteine: Radium war einer der Markennamen. Es stehen noch fünf alte Industriegebäude, die in den nächsten Jahren kulturellen Einrichtungen und jungen Kreativen als Arbeitsstätte dienen sollen. Unter anderem soll hier das Fashion House Maastricht einziehen, das sich als „Laboratorium für Modetalente und Epizentrum der Maastrichter Mode" versteht.

Doch bevor es soweit ist, wird die **Noorderbrug** verlegt. Nachdem mit der Eröffnung des **König-Willem-Alexander-Tunnels** Ende 2016 der Verkehrsstrom von Nord nach Süd besser durch die Stadt geleitet werden konnte, wird nun auch die Noorderbrug angepackt. Das Projekt „**Noorderbrugtracé**" betrifft eine Länge von fünf Kilometern und beinhaltet vor allem die Verlegung der Straße, die von der Noorderbrug in die Stadt führt, Richtung Norden (nördlich des Frontenparks). Dadurch wird die Innenstadt „erweitert" und der **Frontenpark** kann mit in das Stadtgebiet einbezogen werden. Auch er soll in den folgenden Jahren vergrößert werden.

Am Rande des Sphinxkwartiers befindet sich **De Brandweer,** die frühere Feuerwehrzentrale, die zu einem dynamischen und kreativen Treffpunkt umfunktioniert wurde. Im ersten Stock des Gebäudes sind 20 Büroräume untergebracht, in die junge Start-ups und Künstler eingezogen sind. Außerdem gibt es einen größeren Raum, der für Feste und Events genutzt werden kann und in dem donnerstagabends ein kleiner Regionalmarkt abgehalten wird. Zudem findet man hier die **Brandweerkantine** (s. S. 76), ein innovatives und sehr *gezelliges* Restaurant, in dem man nicht nur essen, sondern auch seinen Laptop aufschlagen kann. WLAN ist natürlich gratis.

Wer Musik hören möchte, sollte in der **Muziekgieterij** (s. S. 85) vorbeischauen. Derzeit gibt es dort einen 600 Menschen fassenden Saal. Im Jahr 2018 kommen weitere Räumlichkeiten zum Abfeiern und Musikmachen sowie ein Aufnahmestudio hinzu. Eins ist klar: Im Sphinxkwartier passiert derzeit eine Menge und das wird in den nächsten Jahren auch so bleiben.

Wer über die Entwicklungen **auf dem Laufenden bleiben** möchte, der kann regelmäßig auf der Website www.belvedere-maastricht.nl oder direkt im Infozentrum Belvédère am Fenikshof 1 (durch den Penitentenpoort an der Boschstraat hindurchgehen) vorbeischauen.

🕘 Eiffelgebouw (Eiffel-Gebäude) ★ [C2]

Hauptsitz der Firma Sphinx war das auffällig große, weiße Gebäude an der Boschstraat mit dem Namen De Eiffel und dem Schriftzug „Sphinx Sanitair" auf dem Dach.

Mit dem berühmten Ingenieur Gustave Eiffel hat das Maastrichter Gebäude nichts zu tun, doch vermutlich brachte man den Bau aufgrund seiner Größe oder der verwendeten Metallkonstruktion mit dem Eiffelturm in Verbindung.

Das Haus wurde zwischen 1928 und 1941 in drei Phasen auf dem Gelände der früheren Stadtmauer und mehrerer Klöster mit Obstgärten errichtet.

Heute steht das Eiffel-Gebäude unter Denkmalschutz und soll in den nächsten Jahren restauriert werden, bevor dann neue Bewohner einziehen können. Geplant ist eine Dependance des **The Student Hotel** mit rund 300 Zimmern (www.thestudenthotel. com/maastricht). Es wird rund 60 Prozent des Gebäudes beanspruchen. Die verbleibenden 40 Prozent werden für Wohnungen, Büros, Geschäfte und Restaurants genutzt. Die **Renovierung** wird vermutlich erst im Jahr 2018 beendet sein. Highlight des neuen Sphinx-Gebäudes soll die „Skylobby" sein, eine Bar auf dem Dach, die für jeden zugänglich sein wird.

Links neben dem Eiffel-Gebäude steht das frühere Sphinx-Bürogebäude, in dem heute die **United Nations University – Merit** ansässig ist. 200 Studenten und 70 Mitarbeiter arbeiten in diesem Untersuchungs- und Ausbildungszentrum, das sich sozialen, politischen und ökonomischen Fragestellungen widmet.

Durch das Tor Penitenpoort zwischen Eiffel-Gebäude und Bürogebäude gelangt man auf das dahinterliegende Industriegelände **Sphinxterrein**, auf dem sich derzeit noch ein Parkplatz befindet. Später sollen hier Wohnhäuser errichtet werden.

❯ Boschstraat 24, rund sechs Gehminuten vom Marktplatz entfernt

㉑ Het Bassin ★★ [D1]

Der Binnenhafen von Maastricht, Het Bassin („das Becken") genannt, ist ein ehemaliger Industriehafen, der zwischen 1824 und 1826 angelegt wurde. Heute schaukeln hier die Freizeitboote im Wasser und am Kai reiht sich ein Restaurant an das andere. Ein idealer Ort, um im Sommer auszugehen!

Der Hafen, der über den Kanal Zuid-Willemsvaart und den inzwischen aufgegebenen Maastricht-Lüttich-Kanal erreichbar war, trug einen großen Anteil zur **Industrialisierung Maastrichts** bei. Inzwischen findet man hier keine Transportschiffe mehr, sondern Motorboote, sog. *sloepen,* und Ausflugsboote.

Umringt wird das Hafenbecken an zwei Seiten von Wohnhäusern, teilweise renovierte Lagerhäuser, und von der frisch renovierten ehemaligen Elektrizitätszentrale der alten Sphinx-Fabrik, in der das **Lumière Cinema** (s. S. 85) und ein loftähnliches Restaurant ansässig sind.

Beliebt ist der Hafen auch bei denjenigen, die lieber auf dem Land bleiben, anstatt in See zu stechen, denn rund um das Hafenbecken haben sich in den Gewölbekellern viele Restaurants niedergelassen. Es ist herrlich, hier im Sommer auf den Terrassen am Wasser zu sitzen und frischen Fisch zu essen.

❯ Bassinkade, rund 7 Gehminuten vom Marktplatz entfernt

㉒ Frontenpark ★ [A2]

Der Frontenpark trug früher zur Verteidigung der Stadt bei. Im nördlichen Teilbereich kann man noch **Überreste der früheren Schutzmauer** aus dem 18. Jahrhundert und eines **Wasser-**

grabens sehen, die zum Fort Willem I. gehörten. Im 19. Jahrhundert wurde der Frontenpark in das Industriegebiet der Stadt einbezogen: Bahngleise wurden angelegt, um die Sphinx-Fabrik mit Grundstoffen zu versorgen. Noch heute sind die **Gleise und Bahnsteige** sichtbar.

Auch viele der **Fabrikgebäude** stehen heute noch: die Gasfabrik (errichtet im Jahr 1912) und der runde Gasbehälter am Lage Frontweg (aus dem Jahr 1956) sowie ein Bürogebäude an der Ecke des Cabergerwegs (erbaut im Jahr 1957).

Nach dem Rückgang der Industrie und dem Zerfall der Gebäude hat sich allerdings die Natur im Frontenpark ihren Platz zurückerobert: Die Bahngleise sind von Grün überwuchert und neue Lebensräume für Tiere haben sich gebildet. So ist hier der einzige Naturraum in den gesamten Niederlanden, in dem die **Mauereidechse** vorkommt.

Der Frontenpark, der sich in **Lage und Hoge Fronten** aufteilt, wird in den nächsten Jahren komplett neu gestaltet und die beiden Teilbereiche werden durch die Verlegung der Norderbrug, deren Ausläufer den Park zurzeit noch teilen, wieder zusammengeführt.

❯ Frontensingel, Busse 1, 2, 5, 6, 7, 10 (Haltestelle Frontensingel), Parkgarage Sphinx. Für alle Interessierten werden im Zweiwochentakt (in ungeraden Wochen) am Mittwochnachmittag Gratisführungen (auf Niederländisch) durch den Frontenpark angeboten. Sie dauern zwei Stunden und man sollte gut zu Fuß sein. Anmelden kann man sich beim Infocentrum Belvédère am Fenikshof 1 (durch den Penitentenpoort an der Boschstraat hindurchgehen), per Mail (belvedere@maastricht.nl) oder unter Telefon 043 3501460.

Wyck und Céramique

Der direkt an den hübschen Bahnhof grenzende Stadtteil Wyck (die Maastrichter sprechen es „Wieck" aus) gehört zu den begehrtesten Wohnvierteln der Stadt. An Wyck schließt sich in südlicher Richtung die moderne, am Fluss liegende Wohngegend Céramique an.

Studenten, junge Familien, Intellektuelle – im **Altbauviertel Wyck** möchte jeder gern wohnen. Die Lage ist stadtnah und die schmalen Straßen voller Bäume werden von hübschen, hellen Backsteinhäusern aus dem frühen 19. Jahrhundert gesäumt. Hauptschlagadern von Wyck sind die Stationsstraat („Bahnhofsstraße") und die weiterführende Wycker Brugstraat, die, wie der Name schon sagt, zur Brücke, nämlich zur **Sint Servaasbrug**, führt. Diese beiden Straßen entstanden aus einer besonderen Situation heraus: Früher war Maastricht Festungsstadt und der Bahnhof lag außerhalb der Stadtmauer, besser gesagt die Bahnhöfe, denn es gab mehrere kleinere Bauten aus Holz – jeweils einer für eine Richtung, z. B. nach Lüttich. Irgendwann beschloss man, die kleinen Bahnhofsgebäude zu einem großen **Bahnhof** zusammenzulegen und so wurde 1913 der heutige Bau im Stil der Maasländer Renaissance errichtet. Nachdem man nun einen Bahnhof hatte, brauchte man auch eine Anbindung an die Stadt. Und weil zu jener Zeit das Flanieren in Mode war, errichtete man eine Art **Boulevard** zur Sint Servaasbrug, die heutige Stationsstraat und die Wycker Brugstraat.

In den Gebäuden dieser beiden Straßen sowie in den Nebenstraßen haben sich Delikatessläden, trendy Bars, hippe Hotels, bezahlba-

re Restaurants, gemütliche Cafés, Boutiquen mit individueller Mode und witzige Geschenkartikelshops niedergelassen. Man trifft sich am Samstag zum Brunch im **Café Zondag** (s. S. 73), kauft Käse „mit Charakter" (sprich viel Geruch) bei 't Rommedoeke (s. S. 91) und danach einen Blumenstrauß am Blumenkiosk in der Stationsstraat. Hier geht es gemütlich zu und an warmen Sommertagen stehen überall Tische und Stühle im Freien.

An das historische Viertel grenzt im Süden der moderne **Stadtteil Céramique**, der auf dem Gelände der ehemaligen Keramikfabrik **Société Céramique** entstanden ist. Sie war von 1863 bis 1958 in Maastricht ansässig. Die dort produzierte und im Maastrichter Dialekt *Sjèrremik* genannte Keramik war früher weltbekannt und ähnelte ein bisschen dem Delfter Blau. Es gab Services mit japanischem Muster, mit blau-weißer Holland-Idylle inkl. Bauernhäusern, Windmühlen und Segelbooten sowie das noch heute beliebte, bunte Boerenbont-Muster. Im Jahr 1958 fusi-

onierte die Société Céramique mit der ebenfalls in Maastricht ansässigen Sphinx-Fabrik und der Firmensitz zog an das andere Maas-Ufer in das heutige Sphinxkwartier (s. S. 41). Im Jahr 1987 wurde das alte Fabrikgelände an die Gemeinde Maastricht verkauft und der Städteplaner Jo Coenen mit der Erschließung des neuen Viertels beauftragt.

Man hatte große Pläne mit dem stadt- und flussnahen Terrain. Es sollte **neuer Wohnraum** geschaffen werden und kulturelle Treffpunkte und Arbeitsplätze in bester Lage sollten entstehen. Einige der **alten Industriegebäude** wie die Wiebengahal und die Bordenhal ㉔ sollten erhalten und neuen Verwendungszwecken zugeführt werden. Und so geschah es: Auf dem 25 Hektar großen Fabrikgelände entstanden 1600 Wohnungen in modernen, hochwertigen Gebäudekomplexen, die von **berühmten Architekten** aus aller Welt konzipiert wur-

☐ *Südfranzösisches Flair im Stadtviertel Wyck*

den, unter ihnen der Schweizer Mario Botta (Wohn- und Bürokomplex „La Fortezza"), der Portugiese Alvaro Siza (der „Turm von Siza"), der Niederländer Herman Hertzberger (Bürogebäude „Il Fiore"), die Belgier Charles Vandenhove und Bruno Albert sowie das spanische Architektenbüro Cruz y Ortiz.

Sie alle konnten sich im neuen Viertel ausleben und so entstanden klotzige, teilweise an Festungen erinnernde Wohnkomplexe. Die Wohnungen – oftmals mit Südbalkon und Blick auf die Maas – sind eher im hochpreisigen Bereich angesiedelt. Einige der Häuser verfügen über Schwimmbad und Fitnessraum. Die Appartements werden häufig an **Expats** vermietet, also Mitarbeiter internationaler Unternehmen oder Institutionen, die oftmals das Glück haben, dass ihre Firma den horrenden Mietpreis für Wohnung oder Haus übernimmt.

Übrigens ereignete sich am 24. April 2003 im **Patio Sevilla** genannten Gebäudekomplex Ecke Avenue Céramique/Daemslunet, das vom spanischen Architektenbüro Cruz y Ortiz erbaut wurde, das sog. „Balkondrama", das landesweit für Schlagzeilen sorgte: Fünf Balkone des Gebäudes stürzten in die Tiefe und rissen dabei zwei Menschen in den Tod. Unachtsamkeit der Baufirmen bei der Konstruktion und Errichtung der Balkone soll die Ursache gewesen sein.

Mittelpunkt des Viertels ist der **Plein 1992** ㉓, auf den man stößt, wenn man von der Altstadt kommend die große **Hoge Brug** ㉕ überquert. Dort sieht man rechter Hand eine weiße Villa, in deren Erdgeschoss sich das Restaurant **Beluga** (s. S. 75) befindet, das mit zwei Michelin-Sternen ausgezeichnet und im Jahr 2007 von der Zeitschrift „Lekker" zum bes-

ten Restaurant der Niederlande gewählt wurde.

Neben dem Beluga und der Hoge Brug steht der **Maaspunttoren**, ein Turm, der früher zur Maastrichter Stadtmauer gehörte. Seine Grundmauern gehen bis auf das 14. Jahrhundert zurück, das jetzige Bauwerk stammt aus dem Beginn des 20. Jahrhunderts, als man den Maaspunttoren renovierte.

Das Viertel Céramique ist eine attraktive Kombination aus Neu und Alt, schicken Restaurants und kleinen Cafés – und das in bester Lage an der Maas. Der **Freizeitwert** ist hoch, denn die Grünanlagen am Fluss laden zum Verweilen mit einem Buch oder zur Joggingrunde ein.

❯ Zwischen Maas-Ufer und Avenue Céramique, rund 10 Gehminuten vom Bahnhof entfernt, Busse 1 und 5 (Haltestelle Centre Céramique)

㉓ Plein 1992 und Centre Céramique ★ [F5]

Der wie ein dreieckiges Tortenstück umrissene Plein 1992, der zu Füßen der Hoge Brug breit ist und sich in Richtung Avenue Céramquie zuspitzt, bildet das Herz des Wohn- und Büroviertels Céramique.

Der von Jo Coenen geschaffene Platz (*Plein* ist niederländisch für „Platz") verdankt seinen Namen dem im Jahre 1992 unterzeichneten **Vertrag von Maastricht**. Er wurde am 7. Februar von zwölf europäischen Ländern im nahegelegenen **Het Gouvernement aan de Maas** geschlossen und besiegelte die Gründung der Europäischen Gemeinschaft (EG). Der beeindruckende Gebäudekomplex des Architekten Gerard Snelder befindet sich auf einer Insel in der Maas und beherbergt die Verwaltung der Provinz Limburg. Auf dem **Plein 1992** selbst erinnern ein in den Boden eingelassenes Eurozeichen und eine Platte mit der Jahreszahl 1992 an dieses geschichtsträchtige Datum und auch der Kreisverkehr an der **Avenue Céramique** bietet einen Hinweis auf den Vertrag von Maastricht: In seinem Mittelpunkt ragen 35 Aluminiumsterne an langen Stäben Richtung Himmel, die sog. Stars of Europe (s. S. 70).

Am Plein 1992 steht der mit Glasfronten und Betonsäulen versehene Kubus des **Centre Céramique**, in dem sich die **Stadtbibliothek** von Maastricht eingerichtet hat. Bibliotheken haben in den Niederlanden einen hohen Stellenwert. Sie werden nicht nur zum Ausleihen von Büchern genutzt, sondern auch als Ruheorte zum Lesen, Lernen oder zum Freunde treffen im Café. Im Centre Céramique sind zudem noch eine Beratungsstelle für Menschen, die in Deutschland leben, aber in den Niederlanden arbeiten, und eine Dauerausstellung (gratis) mit Geschirr der Société Céramique untergebracht. Im großen Foyer mit dem gigantischen, schwebenden **Delfin-Kunstwerk** finden regelmäßig Sonderausstellungen statt. Ebenfalls sehr interessant ist das sog. „**französische Modell**", bei dem es sich allerdings um eine Nachbildung handelt. Es zeigt ein **Modell von Maastricht als Festungsstadt** und stammt aus dem Jahr 1752. Solche Modelle wurden von den Franzosen angefertigt, um ein genaues Bild der Stadt zu haben, sei es, weil sich die Stadt bereits in Händen der französischen Armee befand oder weil man sie zu einem späteren Zeitpunkt erobern wollte und dann anhand des Modells ihre Schwachpunkte erkennen konnte. Erstaunlich ist die Ge-

KLEINE PAUSE

Wer Kaffee liebt, geht zu den Coffeelovers
Das Café **Coffeelovers de Annex** heißt so, weil es ein Anhängsel bzw. eine Fortsetzung (= Annex) des Centre Céramique ㉓ ist. In dem Café wird der berühmte **Kaffee von Blanche Dael** (s. S. 90) ausgeschenkt, zudem werden Mittagsgerichte und Kuchen angeboten, es gibt Gratis-WLAN, eine Kinderspielecke sowie eine große Sonnenterrasse.

nauigkeit des französischen Modells, das Vrijthof, Onze Lieve Vrouwekirche, Markt und andere wichtige Orte der Stadt an den exakten Standpunkten verzeichnet. Heute nicht mehr wiederzufinden sind dagegen die Festungsanlagen der Stadt. Sie wurden 1867 größtenteils abgerissen.
> Plein 1992, rund 10 Gehminuten vom Bahnhof entfernt, Busse 1 und 5 (Haltestelle Centre Céramique)
> **Centre Céramique**, Avenue Céramique 50, Tel. 3505600, geöffnet: Di. 9–21, Mi.–Fr. 9–18, Sa./So. 13–17 Uhr

㉔ De Bordenhal ★ [F5]

Die markante weiße Bordenhal befindet sich ebenfalls am Plein 1992 ㉓ und gehörte früher zum Komplex der Keramikfabrik **Société Céramique**, die u. a. Essgeschirr herstellte. Der Grund für ihren außergewöhnlichen Namen, der so viel wie „Teller-Halle" bedeutet, ist, dass man zum Bemalen von Tellern per Hand viel Licht brauchte. Im Gebäude sind daher große Fenster eingelassen und das Dach befindet sich in luftiger Höhe.

Im Rahmen der Neuentwicklung des Viertels Céramique wurde die Bordenhal 1999 von Jo Coenen zu einem **Theater** umgebaut. Dabei blieb die äußere Fassade weitgehend in ihrem ursprünglichen Zustand, im Gebäudeinneren wurde ein Saal mit Sitzplätzen für 200 Zuschauer errichtet. Heute gibt die **Toneelgroep Maastricht** (s. S. 86) hier Vorstellungen.

Das moderne **Café Zuid** (s. S. 81), das sich ebenfalls in der Bordenhal befindet, lockt im Sommer mit einer fantastischen Terrasse mit Sicht auf Wasserbecken und Fontänen.

❯ Plein 1992 15, rund 10 Gehminuten vom Bahnhof entfernt, Busse 1 und 5 (Haltestelle Centre Céramique)

Damit man auf die Brücke kommt, muss man sich erst einmal anstrengen: Die Steigung beträgt an der Ostseite, also auf der Céramique-Seite, 18 Prozent, an der zur Innenstadt gewandten Seite rund 27 Prozent. Damit diese Steigung zu bewältigen ist, wurde eine sog. „faule Treppe" errichtet, eine Treppenkonstruktion bei der man eigentlich nicht weiß, ob man nur eine oder zwei Stufen zugleich nehmen soll.

❯ rund 10 Gehminuten vom Bahnhof entfernt, Busse 1 und 5 (Haltestelle Centre Céramique)

㉕ Hoge Brug ⭐ [E5]

Hoch, lang, modern und extravagant: Die Hoge Brug („Hohe Brücke") verbindet den Stadtteil Wyck und das Neubauviertel Céramique mit der Altstadt.

Von der Brücke, die im Maastrichter Dialekt *Hoeg Brögk* heißt, hat man einen fantastischen Blick auf die Stadt – auf die Maas, den Stadtteil Wyck und die Altstadt mit den Kirchturmspitzen der Sint Janskerk ❻ und der Sint Servaasbasiliek ❺. Im Hintergrund sieht man die Rundfahrtschiffe und die historische Sint Servaasbrug ❶.

Die Hoge Brug, die **nur für Radfahrer und Fußgänger** zugänglich ist, überspannt die Maas, die an dieser Stelle 164 m breit ist. Architekt der 261 Meter langen Brücke war der Belgier René Greisch, eröffnet wurde sie 2003. Die Bogenkonstruktion bringt die Fußgänger in eine Höhe von zehn Metern über die Maas, ohne dass dabei Brückenpfeiler das Bauwerk stützen würden. Auf sie musste ohnehin verzichtet werden, damit unter der Brücke weiterhin Schiffe durchfahren konnten.

㉖ Bonnefanten- museum ⭐⭐ [F6]

Die „Rakete an der Maas": In dem auffälligen, von Aldo Rossi entworfenen Gebäude finden Kunstinteressierte Werke aus dem Mittelalter, Gemälde aus den Niederlanden (16. und 17. Jahrhundert) und zeitgenössische Kunst.

Das Museum wurde nach dem **Kloster** benannt, das früher seinen Sitz hier hatte. Der etwas seltsam anmutende Name soll eine Verballhornung von *Couvent des bons enfants* („Kloster der braven Kinder") sein, denn dank der strengen Erziehung der Schwestern wurden aus den Schülern angeblich vorbildliche Kinder.

Heute sieht es hier ganz anders aus als brav und gezähmt: Der zum Museum gehörende, mit Zinkplatten verkleidete **Turm** von Also Rossi erinnert ein bisschen an eine Rakete und ist im Übrigen auch von innen ein interessanter Anblick. Ebenfalls hübsch anzusehen ist die breite, monumentale und bekannte „Treppenstraße", die im Gebäudeinneren hinauf zu den Ausstellungsräumen führt.

An der Maas gestrandet: Café Ipanema

Das Café Ipanema gehört zum Bonnefantenmuseum , doch es hat einen eigenen Eingang, sodass man unabhängig von einem Museumsbesuch einen Kaffee trinken kann. Dazu gibt es die berühmten *vlaais* von Mathieu Hermans. Die Atmosphäre drinnen ist bunt-modern-minimalistisch und draußen auf der sonnigen Terrasse sitzt man am Ufer der Maas. Zu essen gibt es Suppen, Kuchen, belegte Brote, hausgemachte Quiche und Pasta.

› Ipanema €, Eingang an der Maas-Seite, geöffnet: Di.–So. 10.30–17.30 Uhr

In diesen modernen Gemäuern hängen teilweise sehr alte Kunstwerke, u.a. „Sankt Stefanus" von Giovanni del Biondo aus dem Jahr 1399. Außerdem wird die Kollektion des Kunstsammlers Willem Neutelings gezeigt, die **mittelalterliche Skulpturen** aus vier Jahrhunderten umfasst, und die Sammlung des Museums mit mittelalterlichen Skulpturen aus der Maas-Region. Bedeutend sind auch die **frühen italienischen Gemälde** aus der Zeit zwischen 1300 und 1600, darunter Topstücke von Andrea Vanni, Jacopo del Casentino und Carlo Crivelli.

Im **17. Jahrhundert** blühte die Malerei in den Niederlanden auf. Jeder wollte ein Kunstwerk sein Eigen nennen. So kam es, dass in der Glanzzeit der niederländischen Malerei um das Jahr 1650 geschätzte 700 Maler in den Niederlanden ansässig waren, die über 70.000 Gemälde jährlich produzierten. Einige davon sind auch im Bonnefantenmuseum zu sehen, darunter „Die Volkszählung von Bethlehem" (inmitten einer typisch niederländischen Winterlandschaft) von Pieter Brueghel dem Jüngeren (ca. 1605) und das „Portret van Pater Jan Neyen" (1607) von Peter Paul Rubens.

Weitere Schwerpunkte der Sammlung sind **Maastrichter Silberkunst** (17.–19. Jh.), **Limburger Kunst** (1870 bis 1970) und **zeitgenössische Kunst** mit Fokus auf amerikanischem Minimalismus, italienischer Arte Povera und Concept Art.

› Avenue Céramique 250, www.bonnefan ten.nl, Buslinie 5 (Haltestelle Bonnefantenmuseum), Eintritt: Erw. 12 €, geöffnet: Di.–So. 11–17 Uhr

Entdeckungen außerhalb des Stadtzentrums

㉗ Kasematten von Maastricht ★ [A6]

Zum Belauschen, Flüchten und Angreifen: Ein 14 Kilometer langes Netz aus unterirdischen Gängen diente der Verteidigung der Stadt.

Zwischen 1575 und 1825 wurden im Westen von Maastricht die sog. Kasematten *(kazematten)* angelegt. Diese insgesamt **236 Gänge** hatten mehrere Funktionen. Zum einen eigneten sie sich dazu, sich während der Besatzungszeit dem Feind ungesehen zu nähern und ihn – wenn möglich – zu überwältigen. Zum anderen gab es sogenannte **galerien d'ecoute,** „Lauschgänge". In ihnen saßen Soldaten mit Eimern voller Wasser oder Bohnen. War der Feind im Anmarsch, dann begannen die Eimer zu zittern, man wusste den Feind in der Nähe und konnte sich auf den Angriff vorbereiten. Dazu wurden Fässer mit Schießpulver platziert und angezündet, sobald der Gegner in Reichweite war. Während des Zweiten Weltkriegs diente das Tunnelsystem als **Bunker.** Bis zu 15.000 Menschen brachten sich hier regelmäßig bei Bombenangriffen in Sicherheit.

❯ Waldeckbastion, Nähe Tongerseplein, Buslinie 7 (Haltestelle Tongerseplein), Tel. 3252121, www.maastrichtunder ground.nl (auch auf Deutsch), Eintritt: Erw. 6,60 €, Kinder bis 12 Jahre 5,20 €. Die Kasematten sind nur im Rahmen einer Führung zu besichtigen. Sie finden in den Sommermonaten und in den Ferienzeiten täglich, in der Nebensaison nur am Wochenende statt. Die genauen Zeiten stehen auf der Website. Ein Besuch eignet sich für Kinder ab 10 Jahre (es ist teilweise dunkel und ein bisschen unheimlich).

㉘ Fort Sint Pieter und nördliche Grotten ★★

Die 300 Jahre alte Festung befindet sich vor den Toren der Stadt. Sie ist nicht nur historisch interessant, sondern wegen des Cafés auf dem Hügel und der fantastischen Aussicht über die Stadt auch ein lohnendes Ausflugsziel.

Erbaut wurde die **fünfeckige Festungsanlage** in den Jahren 1701 und 1702, 1816 wurde sie erweitert. Ihre Aufgabe war es, Maastricht vor Feinden zu schützen, die vornehmlich aus dem Süden kamen (Franzosen und Spanier). Daher zeigt die Spitze der Anlage, Saillant genannt, Richtung Süden. Mit Kanonen konnte so ein großflächiges Gebiet verteidigt werden. Auch wenn die Festungsanlage nicht so aussieht: 450 Soldaten fanden hier Platz.

Zu sehen sind heute während der einstündigen **Führung** Bunker, Kanonengalerie, Schießscharten, Kasematten, Kaponnieren und ein unterdischer Brunnen. Übrigens wurde das Fort Sint Pieter nie eingenommen. Zum Glück, denn während der französischen Belagerung Maastrichts (1793) suchten viele Bauern aus den Dörfern rund um den Sint Pietersberg Schutz in der Festung und den unterirdischen Gängen. Noch heute sind dort jahrhundertealte Brotöfen, Ställe und Unterkünfte zu sehen.

Das **Gängesystem** unter dem Fort nennt sich die nördlichen Grotten. Im Gegensatz zu den Grotten Zonne-

◁ *Die Rakete unter den Kunstmuseen: das Bonnefantenmuseum* ㉖ *von Aldo Rossi*

026ma-ug

berg **29** sind die Gänge, die ebenfalls durch den Abbau von Mergel entstanden, schmaler und kleiner. Im Zweiten Weltkrieg wurden hier viele wertvolle Kunstwerke und Schätze gelagert.

› Luikerweg 71, www.maastrichtunder ground.nl (Website auch auf Deutsch), Buslinie 4 (Haltestelle Tongersestraat), Eintritt: Grotten und Fort: Erw. 9,95 €, Kinder bis 12 Jahre 6,95 €, Führungen finden um 12.30 und 14 Uhr (meist in englischer Sprache) statt

29 Sint Pietersberg und Grotten Zonneberg ★★★

Man gerät ins Staunen, aber auch ins Gruseln: Im Berg befindet sich ein Tunnelsystem mit gewaltigen Ausmaßen, das besichtigt werden kann.

Von der Innenstadt Richtung Belgien fahrend, am Ufer der Maas entlang, stößt man auf den **Sint Pietersberg** (nicht zu verwechseln mit dem Fort Sint Pieter **28**), der seine Bedeutung dem **Mergel** verdankt. Schon die Römer bauten auf dem Berg Gestein ab. Sie taten das allerdings im Tagebau, also an der Oberfläche des rund sieben Kilometer langen Berges. Um das Jahr 1200 begann man, den Berg von innen auszuhöhlen, denn der

leicht aus dem Felsen lösbare Stein eignete sich hervorragend zum Bauen von auch größeren Gebäuden.

Im Prinzip konnte man die Steinblöcke ganz einfach mit einer Säge und einem Keil aus dem Felsen holen, denn im Inneren des Berges ist der Mergel, der zu 98 Prozent aus Kalk besteht, sehr weich – so weich, dass man sogar mit dem Fingernagel daran kratzen kann. Sobald die Steinblöcke aber ins Freie kommen und die Feuchtigkeit, die im Stein steckte, ausgetrocknet ist, wird der Mergel äußerst belastbar, vorausgesetzt, man verwendet ihn ebenso in der Senkrechten, wie er auch im Felsen gesteckt hatte. Um den Mergelstein zu gewinnen, grub man Tunnel in den Berg und begann dort, Steinblöcke in der Höhe von 1,70 m, 60 cm Breite und 30 cm Tiefe zu schlagen. Dafür brauchte ein Steinhauer rund einen Tag. Brach der Stein entzwei, war der Tageslohn passé.

⌃ *Fort Sint Pieter diente zur Verteidigung*

⌄ *Tausende von Tunneln, doch die Guides kennen sich aus*

Besucht man heute die Grotten von Sint Pietersberg, dann erkennt man noch an den Wänden die Abstände, in denen die Steine abgebaut wurden. Die Steinhauer schlugen vom 13. bis Ende des 19. Jahrhunderts 2500 Tunnel mit einer Länge von 250 Kilometern in den Berg. Heute ist dieses immens große **Tunnelsystem** weitgehend zugänglich; nur ein Drittel der Tunnelgänge ist verschüttet.

Wer sich also in den Untergrund von Sint Pietersberg stürzen möchte, der kann das im Rahmen einer **Führung** tun. Der Führer packt sich drei Benzinlampen, gibt dem ersten, dem mittleren und dem letzten Besucher eine in die Hand und los geht's in die Finsternis. Keine Angst, der Fußboden ist eben und es gibt keine komplizierten Stufen oder Treppen. Trotzdem merkt man schnell, dass man ohne den Führer aufgeschmissen wäre, denn überall zweigen Gänge ab, die tiefer in das Tunnelsystem führen. Ganz automatisch bleibt die Gruppe beisammen, bei ihrem Führer und bei den Lampen. Ob denn auch manchmal Menschen verschwinden? In den Zonneberg-Grotten ist das noch nie passiert, obwohl sich dort am Tag viele Gruppen durch die Tunnel bewegen.

EXTRATIPP

Mit dem Roller durch den Untergrund

In den Grotten Zonneberg kann man die unterirdischen Gänge auch mit einem Roller erkunden, kein Roller mit Motor, sondern ganz altmodisch mit dem Fuß angeschoben. Damit man in den dunklen Gängen auch etwas erkennen kann, tragen die Rollerfahrer eine Stirnlampe.

❯ Kosten: 15,95 €, Dauer: 1 Stunde 15 Minuten. Eine Voranmeldung ist ratsam.

Was gibt es zu sehen? Zum einen die Spuren, die die abgetragenen Steinblöcke hinterlassen haben, zum anderen **Zeichnungen an den Wänden,** die erst im 20. Jh. entstanden sind, als hier kein Mergel mehr abgebaut wurde und die Grotten bereits zu touristischen Zwecken genutzt wurden. Hochinteressant sind die **unterirdische Kirche** und die **Bäckerei.** Man ließ sie gegen Ende des Zweiten Weltkriegs errichten, als man befürchtete, die Deutschen, die Maastricht besetzt hatten, würden erbitterte Kämpfe gegen die Alliierten austragen. Um die Bevölkerung zu schützen, wollte man sie in den Grotten verstecken.

Zum Überleben konnte man Brot backen, in der Grottenkirche Gottesdienste feiern, über ein Kanalsystem Wasser bekommen und die Vorratskammern nutzen. Doch glücklicherweise kam es nicht dazu. Maastricht war innerhalb von zwei Wochen befreit. Dennoch versteckten sich 2000 Menschen in dieser Zeit in den Grotten. Es waren Ältere, Kranke und u. a. eine Schwangere, die hier unter Tage ihr Kind bekam.

Ein Besuch der Grotten ist ein Erlebnis und auch für Kinder geeignet. Die Führung dauert rund eine Stunde und man sollte beachten, dass die Temperatur im Tunnelsystem das ganze Jahr über nur zehn Grad beträgt. Daher sollte man am besten auch im Sommer einen Pullover und feste Schuhe mitnehmen.

Ebenfalls interessant ist ein **Spaziergang über den Sint Pietersberg**. Oben auf dem Hochplateau befindet sich die *Boerderij* (Bauernhof) Oud Sint Pieter (Mai–Ende Oktober So. 12– 16.30 Uhr, Eintritt kostenlos) mit einem kleinen **Museum** zu den Grotten. Gezeigt werden u. a. Funde wie Versteinerungen, Münzen oder ein Schwert aus dem 9. Jahrhundert, das man allerdings in der Maas fand. Außerdem gibt es neben der *Boerderij* einen **Aussichtsturm** und einen **Aussichtspunkt,** von dem aus man das Gelände der Zementfabrik ENCI

Der Silberschatz aus dem Berg

Am 5. September 1951 gingen die Gebrüder Vrancken wie immer ihrer Arbeit nach. Sie waren im „Wilden Berg" unterwegs. Der Name kommt daher, dass die Gänge in den nördlichen Grotten des Sint Pietersberg nicht so geordnet aneinandergereiht sind wie im vorderen Teil. Die Gebrüder Vrancken waren damit beauftragt, die Gänge in Schuss zu halten. Beim Reinigen eines Gangs entdeckten sie im Boden etwas Hartes, das sich beim Ausgraben als ein Beutel voller Silbermünzen herausstellte, insgesamt 156 Stück.

Die älteste Münze stammte aus dem Jahr 1616 und kam aus dem Süden der Niederlande; die jüngste wurde im Jahr 1668 in Lüttich geprägt. Doch wie kam der Silberschatz in den „Wilden Berg"? Vermutlich so: Es gab Zeiten, da zahlte man sein Geld noch nicht auf ein Sparbuch ein. Vielmehr trug man die paar Münzen, die man besaß, in einem Beutel durch die Gegend oder versteckte sie unter der Matratze. Als Ende des 17. Jh. - der Achtzigjährige Krieg war noch nicht lange vorbei, ein erneuter Krieg gegen Frankreich drohte - mussten die Maastrichter um ihr Leben und ihren Besitz fürchten, denn die Stadt hatte eine strategisch wichtige Lage. Der Besitzer der Silbermünzen bangte höchstwahrscheinlich so sehr um sein Vermögen, dass er es in den Berg brachte.

Warum er es nie wieder abholte? Entweder fand er sich im Gängegewirr nicht mehr zurecht (eher unwahrscheinlich) oder er verstarb während des Kriegs (höchstwahrscheinlich). Doch nicht nur ein reicher Mann des 17. Jahrhunderts versteckte seinen Besitz während eines Krieges im Sint Pietersberg. Auch rund 780 Kunstwerke, u. a. die Nachtwache von Rembrandt, waren hier bis zum Ende des Zweiten Weltkriegs im sog. „Kluis" aufbewahrt.

sehen kann. Das riesengroße Gebiet mit einem gigantischen Wasserbecken, das durch den Tageabbau von Stein entstand, ist von oben gut einzusehen. Im Jahr 2018 will ENCI den Abbau einstellen und die Fläche der Organisation Natuurmonumenten übertragen, die daraus ein Naturschutzgebiet machen möchte.

Man kommt auch bequem mit den **Ausflugsschiffen** der Reederei Stiphout (s. S. 119) zum Sint Pietersberg. Von der Anlegestelle geht es dann rund zehn Minuten den Berg hoch. Oben angekommen findet man neben dem Treffpunkt für die Grottenbesichtigung auch das Café Slavante.

❯ Slavante 1, Tel. 3252121, www.maast richtunderground.nl (auch auf Deutsch), Buslinie 78 (Haltestelle Slavante), Eintritt: Erw. 6,20 €, Kinder bis 12 Jahre 5 €. Die Grotten sind nur im Rahmen einer Führung zu besuchen. Sie finden stündlich statt, meist in der Mittagszeit. Die genauen Zeitangaben stehen auf der Website.

Abstecher in die Umgebung

Das Umland von Maastricht lockt mit Hügeln, Weinbergen, Wäldern und Tälern: für niederländische Verhältnisse eine sehr anziehende Gegend, ist doch der größte Teil des Landes erbarmungslos flach. Insofern sind Maastricht und die Provinz Limburg auch bei den Niederländern sehr beliebt, die gern zum Wandern und Radfahren hierherkommen.

Ein weiterer Aspekt ist die **Nähe zu Belgien und Deutschland**, die ein Wochenende oder einen Urlaub mit Ausflügen zu den Nachbarn ermöglicht.

Schöne Ausflugsziele sind die belgische Stadt **Lüttich** (Liége, s. S. 60), das **Dreiländereck** 33 , das Städtchen **Valkenburg** 31 oder eine **Tagestour mit einem Ausflugsschiff** der Reederei Stiphout (s. S. 119).

30 Heiligtum St. Gerlach ★★

Die Kirche des Heiligtums St. Gerlach ist eine prachtvolle, reich ausgestattete Wallfahrtskirche, errichtet 1721. Aufgrund der wunderschönen Fresken zieht sie jedes Jahr viele Besucher an.

Der Eremit **Gerlach von Houthem** (geboren um 1100 bei Valkenburg) war ein holländischer Ritter, der ein – so behauptet man – gewalttätiges und ausschweifendes Leben führte. Als er vom Tod seiner Frau erfuhr, zeigte er Reue und brach zu Pilgerfahrten nach Rom und Jerusalem auf. In die Niederlande zurückgekehrt, verbrachte er die letzten 14 Jahre seines Lebens als Eremit und lebte in strenger Buße in einer hohlen Eiche. Nach seinem Tod wurde ihm zu Ehren ein Kloster gegründet, das im 16. Jahrhundert erst verwüstet wurde und später zweimal niederbrannte.

Die heutige Kirche, die auf den Fundamenten des alten Gotteshauses errichtet wurde, stammt aus dem Jahr 1721. Sie gehörte zu einem Kloster, in dem bis 1876 Nonnen lebten. Heute sind in dem Gebäude die Zimmer des **Luxushotels Château St. Gerlach** (s. S. 127) untergebracht.

Das Klostergebäude grenzt direkt an die reich verzierte und hervorragend restaurierte **Barockkirche** an, die besonders durch prachtvolle Fresken von Johann Adam Schöpf (1707–1772) beeindruckt. Sie zeigen Stationen aus dem Leben des heiligen Gerlach.

029ma-ug

Zur Kirche gehören auch ein kleines **Museum** und die **Schatzkammer,** die beide besichtigt werden können. Gezeigt werden das Kirchensilber und Reliquien, unter ihnen eine Büste, die den Schädel des heiligen Gerlach beinhalten soll, sowie das Gewand, in dem die Gebeine des Heiligen aufbewahrt waren. Diese Tunika aus dem 11. Jahrhundert zählt zu den ältesten in den Niederlanden bewahrten Kleidungsstücken.

> St. Gerlach, Norbertinessenhof 1, Valkenburg, www.st-gerlach.nl/pages/ duits.htm, Eintritt: frei, geöffnet: Jan.– März tägl. 10–16 Uhr, Apr.–Dez. tägl. 10–17 Uhr. Anfahrt: Stoptrein S4 vom Bahnhof Maastricht-Randwyck zum Bahnhof Houthem-St Gerlach.

⌂ *Himmlisch schlafen und beten: das Heiligtum St. Gerlach* **30**

▷ *Valkenburg ist eine Ruine mit Weitblick*

31 Burgruine Valkenburg aan de Geul ★ ★ ★

Die kleine, idyllische Stadt Valkenburg, gelegen zwischen Hügeln, ist bei den Maastrichtern als Ausflugsziel äußerst beliebt. Kein Wunder, denn das Freizeitangebot ist vielseitig!

Erst in den Berg, dann auf den Berg: Ein Besuch der Fluweelengrotte und der Burgruine zählen zu den Highlights eines Valkenburg-Ausflugs. Der Name Valkenburg, den sowohl die Burg als auch dem Ort tragen, stammt von dem niederländischen Begriff für Falken ab. Deren Haltung war auf einer Burg üblich, denn die Vögel wurden seit dem Mittelalter zur Jagd eingesetzt. Auf Burg Valkenburg gibt es noch immer Falken. Mehrmals pro Jahr finden Raubvogelvorführungen statt.

Unter der Burgruine befindet sich ein verzweigtes Gängesystem: die Mergelgrotte. Es ist schon etwas ganz Besonderes, sich hier in die feuchte Dunkelheit zu begeben (einen war-

KLEINE PAUSE

Kaffee mit Aussicht

Oben bei der Burgruine befindet sich das **Restaurant De Haselderhof** mit einer schönen Terrasse (toller Blick über die Stadt) und einem stilvollen Innenbereich. Man bekommt Kaffee und Kuchen ebenso wie Mittag- und Abendessen. Täglich ab 10 Uhr geöffnet.

men Pullover mitnehmen!). Unvorstellbar, dass die sogenannten blokbrekers („Blöckebrecher") in dieser düsteren Umgebung tagein, tagaus Steine aus dem Fels gebrochen haben. Ab dem 11. Jahrhundert wurde hier Mergel für den Bau von Kirchen und anderen bedeutsamen Gebäuden wie die über der Grotte liegende Burg gewonnen. Als Folge dieser Untertagetätigkeit entstand ein riesiges Tunnelsystem im Berg. Zusammen mit einem Führer geht es in einer Gruppe hinein in den Berg. Man kommt an Wandmalereien und In-

schriften sowie an einer in den Fels gehauenen Kapelle nebst einer einfachen Wohnstätte vorbei, in der sich ein Pfarrer während des Zweiten Weltkriegs versteckt haben soll.

Von der Burg sind wie bereits angedeutet nur noch ein paar Mauerreste zu sehen. Eigentlich schade, denn sie war sicherlich ein imposantes Gebäude mit Rittersaal, Waffenkammer und einer Kapelle. Doch aufgrund der strategischen Lage von Valkenburg wurde sie auch immer wieder belagert, geplündert und zerstört. Im Jahr 1672 wurde die Burg schließlich im Auftrag des Statthalters Willem III. gesprengt, damit die Franzosen, die in das Maastrichter Gebiet immer wieder eindrangen, sie nicht mehr nutzen konnten.

Der Legende nach wunderte man sich übrigens zu einer Zeit, als die Stadt einmal von Brabantern belagert wurde, dass auf der Burg trotz der bereits lange andauernden Belagerung immer noch gefeiert wurde. Woher

kamen Speis und Trank? Was die Belagerer nicht wussten: Über das Tunnelsystem unter der Burg konnten sich die Burgherren gut versorgen.

In der Vorweihnachtszeit wird in der Fluweelengrotte ein bekannter Weihnachtsmarkt abgehalten. Kunsthandwerk und Geschenkartikel werden an Ständen verkauft und es gibt Glühwein – all das in der Tiefe des Bergs.

❯ Burgruine und Fluweelengrotte, Daalhemerweg 27, Valkenburg aan de Geul, www.fluweelengrot.nl, Besuch der Fluweelengrotte und der Burgruine (Karten an der Burg): Erw. 10 €, Kinder bis 12 Jahre 7,50 €, geöffnet: Burgruine tägl. 10–17.30 Uhr, die Grotte ist zwischen 11 und 16 Uhr stündlich im Rahmen einer Führung zu besichtigen.

32 Amerikanischer Soldatenfriedhof Margraten ★★

Soldatenfriedhöfe haben immer eine immense Wirkung auf ihre Besucher. Die vielen Kreuze machen abstrakte Zahlen greifbar und liefern eine ungefähre Ahnung davon, wie viele Opfer ein Krieg fordern kann. Auf dem Soldatenfriedhof Margraten, dem einzigen der Amerikaner in den Niederlanden, sind **8301 amerikanische Soldaten** begraben. Am 13. September 1944 wurde das Gebiet um Margraten von der 30. US-Infanteriedivision befreit. Die **Soldatengräber** haben alle ein weißes Kreuz und sind in einem Halbrund angelegt. Zudem gibt es eine **Mauer** mit den eingravierten Namen von 1722 Vermissten und einen hohen, weißen **Turm,** zu dessen Füßen sich ein Wasserbassin befindet und der den Eingang zum Soldatenfriedhof markiert.

❯ bei Margraten, ca. 15 km südöstlich von Maastricht an der N278, Eintritt: frei, geöffnet: 9 bis 17 Uhr

33 Vaalserberg mit Dreiländereck ★★

Die Niederländer sind stolz auf ihren Vaalserberg, die höchste Erhebung des Landes.

Mit gerade einmal 322 Metern ist er kein wirklicher Riese, aber immerhin. Um ihn noch ein bisschen größer zu machen, wurde auf ihm ein 34 Meter hoher **Aussichtsturm** errichtet. Auf dem Turm befindet sich der sog. **Skywalk,** eine gläserne Aussichtsrampe. Von ihr aus hat man einen tollen Blick auf die zu seinen Füßen liegenden Länder Niederlande, Belgien und Deutschland. Daher auch der Name **Drielandenpunt,** also Dreiländereck. Neben dem Aussichtsturm befindet sich ein **Labyrinth,** das von 1. April bis 1. November geöffnet ist.

❯ Viergrenzenweg 97, Vaals, Eintritt: für den Aussichtsturm 3 €, für das Labyrinth Erw. 5 €, Kinder zwischen 4 und 11 Jahren 4 €. Neben dem Turm gibt es ein Café.

LÜTTICH (LIÈGE)

002ma-wbt©Jean-Paul Remy

Nur eine halbe Stunde mit dem Zug oder Auto von Maastricht entfernt, befindet sich die belgische Stadt Lüttich (Liège). Ebenfalls an der Maas gelegen, zeigt sie sich modern und historisch zugleich, industriell und auch charmant, was nicht zuletzt an der französischen Sprache liegt, die in Wallonien gesprochen wird.

Lüttich ist eine Stadt der Gegensätze: Spektakuläre moderne Bauwerke wie der von Calatrava errichtete **Bahnhof Liège-Guillemins** und der benachbarte „Finanzturm" (der ein bisschen an die Hochhäuser Dubais erinnert) stehen in Kontrast zu romanischen und gotischen Kirchen und einer Vielzahl an weiteren historischen Gebäuden.

Die Stadt mit den fast 200.000 Einwohnern wirkt auf den ersten Blick wie eine Industriestadt, die ihre besten Zeiten hinter sich hat. Auf den zweiten Blick aber offenbart sie ihren **südländischen Charme** mit verwinkelten Hinterhöfen, urgemütlichen Bierkneipen und Straßencafés sowie dem fast vier Kilometer langen **Sonntagsmarkt La Batte** (s. S. 65) an der Maas – mit 500 Marktständen! Außerdem können sich Kunst- und Kulturinteressierte auf über zwanzig Museen (u. a. zu den Themen moderne Kunst, Waffen, Aquarien, Archäologie, wallonische Volkskunde, Beleuchtung, öffentliche Verkehrsmittel) und Dutzende von Kirchen freuen, denn Lüttich wird auch „Stadt der 100 Glocken" genannt.

◄ *Vorseite: Modern und zugleich historisch: Lüttich ist eine Stadt der Gegensätze*

▷ *Ein „Must" bei einem Besuch: die Buerentreppe* **41** *„erklimmen"*

Lüttich entdecken

Herz der **Altstadt** ist der Marktplatz, der älteste Platz der Stadt mit dem Lütticher Marktbrunnen „Perron", dem roten Rathaus (1714–1718) und vielen Straßencafés. An ihn grenzt der Place Saint-Lambert, auf dem früher die Kathedrale stand und an dem sich der stattliche Fürstbischöfliche Palast befindet, der heute als Justizpalast und Regierungssitz genutzt wird. Interessant sind die 60 verschiedenen Säulen im Innenhof.

Möchte man das **moderne Gesicht Lüttichs** entdecken, dann sollte man am futuristischen Bahnhof Liège-Guillemins aussteigen, am Paradis-Turm mit dem Finanzministerium entlanglaufen und die Maas über die neue, fast 300 m lange Fußgängerbrücke Passerelle La Belle Liégeoise überqueren. Man gelangt dann zu dem erst 2016 eröffneten, in einem Park gelegenen Museum La Boverie **34**. Ebenfalls interessant ist die in einem früheren Schwimmbad errichtete Cité Miroir (www.citemiroir.be/de), in der Ausstellungen, Theaterstücke und Konzerte stattfinden.

34 Museum La Boverie ★★

Das ehemalige Palais des Beaux-Arts, anlässlich der Weltausstellung im Jahr 1905 errichtet, dient heute als **Ausstellungsgebäude** für die umfangreiche Lütticher Sammlung, die u. a. Werke von Picasso, Chagall, Monet und Gauguin umfasst. Das erst 2016 eröffnete Museum erfreut sich steigender Beliebtheit. Außerdem hat sich der Louvre dazu bereit erklärt, das Museum künstlerisch zu beraten.

❯ Parc de la Boverie 3, Lüttich, http://de.laboverie.com, Eintritt: 17 €, geöffnet: Di.–Fr. 9.30–18 Uhr

030ma-wtb©Denis Erroyaux

35 Kirche Saint-Jacques ★★★ [ag]

Die 1016 gegründete Jakobskirche zählt zu den schönsten Bauwerken Belgiens. Man sollte unbedingt einen Blick in das Kircheninnere werfen, denn dort raubt einem die Pracht fast den Atem: Das **spätgotische Deckengewölbe** (1514–1538) im Flamboyantstil ist mit Tausenden von Ornamenten geschmückt. An den Säulen stehen weiße **Skulpturen** des Lüticher Bildhauers Jean Del Cour und die **Kirchenfenster** leuchten in den buntesten Farben.

❭ Place St Jacques 8, Lüttich, geöffnet: tägl. 10–12 Uhr, im Sommer auch 14–18 Uhr.

36 Cathédrale Saint Paul ★★ [af]

Die frühere Kathedrale der Stadt, Saint-Lambert, wurde von den Lütichern während der Französischen Revolution als Protest gegen ihre Unterdrückung durch den Fürstbischof selbst zerstört. (Sie stand auf dem Place Saint-Lambert, wo heute noch

Metallsäulen die immensen Ausmaße andeuten.) Die Rolle der Lüticher Kathedrale übernahm ab 1801 die Paulskirche.

Das **gotische Bauwerk** aus dem 13. Jh. beeindruckt im Inneren durch ein mit Rankenornamenten bemaltes Gewölbe, eine barocke, liegende Christusfigur aus Marmor und durch bunte – teilweise alte, teilweise neue – Kirchenfenster. Besonders sehenswert ist auch die **Schatzkammer** der Kathedrale, die Goldschmiedearbeiten, Reliquien, Handschriften, Textilien, Elfenbeinarbeiten und Manuskripte zeigt.

❭ Place de la Cathédrale 6, Lüttich, www.cathedraledeliege.be, geöffnet: Di.–So. 14–17 Uhr

EXTRATIPP

Göttlicher Glockenklang

Jeden Mittwoch zwischen 12.20 und 13.30 Uhr wird das „Carillon" der Kathedrale gespielt. Viele Lüttich-Besucher und Einheimische versammeln sich dann vor der Kirche, um den Melodien der 49 Glocken zu lauschen.

㊲ Musée d'Ansembourg ★★   [ce]

Welch eine Pracht! In dem Mitte des 18. Jh. erbauten Palais wohnte die wohlhabende Familie Ansembourg 60 Jahre lang – in **prächtigen Sälen** und Zimmern, deren Wände mit Ledertapeten und Wandteppichen verkleidet sind und in denen es an Fayencen, wertvollen Teppichen, Spiegeln und Kronleuchtern nicht fehlt. Der Treppenaufgang hat ein reich verziertes Geländer und eine einzigartige Stuckdecke zu bieten. Heute beherbergt der Stadtpalast das **Museum für dekorative Kunst.**

❯ Féronstrée 114, Lüttich, http://lesmu
seesdeliege.be/ansembourg, Eintritt:
5 €, geöffnet: Di.–So. 10–18 Uhr

㊳ Le Grand Curtius ★★   [ce]

In dem Lütticher „Supermuseum" gibt es eine Menge zu sehen! Der Komplex umfasst eine Ausstellungsfläche von 10.000 m² und vereint mehrere **Themenbereiche:** Archäologie, Kunsthandwerk, Glas und religiöse sowie maasländische Kunst. Natürlich zählt auch die riesige Waffensammlung dazu, die nicht umsonst an dieser Stelle gezeigt wird. **Jean de Corte,** dessen Name der damaligen Mode entsprechend zu Curtius latinisiert wurde, war im 17. Jahrhundert einer der bedeutendsten Waffenhändler der Region. In dem roten Prachtgebäude befanden sich sein Wohnhaus und die Räume, in denen Schießpulver hergestellt wurde.

❯ Féronstrée 136, Lüttich, www.grandcur
tiusliege.be, Mo., Mi.–So. 10–18 Uhr

㊴ Kirche Saint-Barthélemy ★★★   [ce]

Die **älteste Kirche der Stadt** beherbergt eins der „Sieben Wunder Belgiens": ein Goldschmiede-Taufbecken aus dem 12. Jahrhundert von Renier von Huy. Die St.-Bartholomäuskirche mit den auffallend roten Türmen wurde zwischen Ende des 11. und Ende

031ma-wtb©Marc Verpoorten

des 12. Jahrhunderts im Stil der **Rhein-Maas-Architektur** erbaut. Von außen erkennt man die romanische Baustruktur, doch innen ist die Kirche barockisiert – mit weiß getünchten, prunkvoll verzierten Säulen, Barockaltären und opulenten Engelsskulpturen. Tipp: Im westlichen Teil wurde eine der barockisierten Säulen am Sockel wieder in ihren ursprünglich romanischen Zustand zurückversetzt und gibt einen Eindruck davon, wie die Kirche früher ausgesehen haben muss.

Das **Taufbecken** aus dem frühen 12. Jahrhundert ist ein Meisterwerk der maasländischen Goldschmiedekunst. Es wurde aus einem Stück gegossen und wird von Ochsenfiguren getragen. Das Relief zeigt Taufszenen, u. a. die von Jesus.

› Place Saint-Barthélemy 8, www.st-barthelemy.be, Eintritt: 2 €, geöffnet: Mo.–Sa. 10–12 Uhr und 14–17 Uhr

40 Rue Hors-Château und Antoniushof ★ [ce]

Hors Château heißt „außerhalb der Burg" und bedeutet in diesem Fall „außerhalb der Stadtmauer", was die frühere Lage der Straße umschreibt. Hier stehen einige schöne Häuser aus dem 17. und 18. Jahrhundert, die im **Antoniushof** (Cour Saint-Antoine) um moderne Häuser aus den Jahren 1978 bis 1985 ergänzt wurden und ein architektonisch interessantes Ensemble bilden. Der Architekt **Charles Vandenhove** gestaltete mit dem Antoniushof einen Platz, der – dank Brunnen, Denkmal und einem kirchenähnlichen Gebäude an der Frontseite – an einen mittelalterlichen Marktplatz erinnert. Wieder zurück in der Rue Hors-Château sollte man unbedingt die schmalen Gassen

Impasse de la Couronne und **Impasse de l'Ange** (Rue Hors-Château 47) durchqueren, die in einen **idyllischen Hinterhof** führen, in dem Feigen und Kiwis wachsen und in dem es sich die Bewohner richtig gemütlich gemacht haben (bitte auf die Anwohner Rücksicht nehmen).

› Rue Hors-Château, Lüttich

41 Montagne de Bueren (Buerentreppe) ★★★ [be]

Diese Treppe gehört zu den **beliebtesten Fotomotiven** der Stadt: 374 Stufen verbinden die Altstadt von Lüttich mit der höher gelegenen Zitadelle. Am ersten Samstag im Oktober zeigt sich die Treppe auf besonders zauberhafte Weise: Tausende von Kerzen erleuchten dann während des Nocturne-Fests die Stufen. Rund um die Treppe lädt der Sentier des Terrasses zu einem Rundgang über die begrünten Terrassen der Stadt mit Fernblick ein.

› Rue Hors-Chateau, Lüttich

42 Viertel Outremeuse ★ [df]

Auf der anderen Seite der Maas liegt ein Stadtteil, der für seine **Ursprünglichkeit**, verwinkelten Gassen, urigen Kneipen und als Heimat des Schriftstellers Georges Simenon (Kommissar Maigret) bekannt wurde. In Outremeuse findet jeden Freitagmorgen zwischen 7 und 12 Uhr der Lütticher Trödelmarkt statt.

› Boulevard de la Constitution, Lüttich

◁ *Schippern auf der Maas mit Blick auf Saint-Barthélemy*

Praktische Reisetipps Lüttich

Anreise

Mit dem Zug:

Wer mit dem Zug von Maastricht nach Lüttich (französisch Liège, niederländisch Luik) reist, der steigt im fantastischen **Bahnhof Liège-Guillemins** aus. Die Fahrt vom Hauptbahnhof Maastricht nach Lüttich dauert eine halbe Stunde und kostet 6,70 €. Der Zug fährt jede Stunde.

Mit dem Auto:

Von Maastricht führt die Autobahn A2 an der Maas entlang nach Lüttich. Die Fahrtzeit beträgt eine halbe Stunde. Im Zentrum der Stadt gibt es eine Reihe von **Parkgaragen.** Der Tarif beträgt rund 2 € pro Stunde mit einem max. Tagestarif von 21 €. An der Straße muss man fürs Parken ebenfalls bezahlen (außer an Sonn- und Feiertagen). Der Tarif beträgt dort 1 €/ Stunde, allerdings kann die maximale Parkdauer begrenzt sein (rote Zone max. 90 Min., grüne Zone max. 4 Stunden).

P2 [af] **Parking Cathédrale,** Rue Charles Magnette 32/Z

P3 [af] **Parking Opéra,** Galerie Opéra 1

P4 [ag] **Parking St-Paul,** Place Saint-Paul 3

Informationen

5 [be] **Office du Tourisme de Liège,** Quai de la Goffe, 13, www.liege.be/tourisme, geöffnet: tägl. 9–17 Uhr. Im ehemaligen Fleischhaus der Stadt *(Ancienne Halle aux viandes)* aus dem 16. Jahrhundert ist heute die Touristeninformation untergebracht. Unter uralten Dachbalken und zwischen Säulen mit Fleischhaken bekommt man heute allerlei Prospekte, auch in deutscher Sprache. Zudem kann man hier Fahrräder ausleihen.

032ma-wtb©Pascale Beroujon

Essen und Trinken

☺**6** [be] **La Brasserie C** €€, Impasse des Ursulines, Lüttich, http://brasseriec. com, geöffnet: Do., Fr. 17–24, Sa. 14–24, So. 14–20 Uhr, WLAN. Natürlich kann man die über 370 Stufen der Montagne de Bueren erklimmen. Man kann aber auch einfach am Fuß der Treppe in die kleine Gasse nach links einbiegen und in einem alten Fachwerkhaus hausgebraute Biere probieren, von denen das süffige Blondbier Curtius besonders beliebt ist.

☺**7** [be] **Le Bistrot d'en Face** €€, 8 et 10 rue de la Goffe, Lüttich, www.lebistrot denface.be, geöffnet: Mi.–Fr. und So. 12–14, 19–22, Sa. 19–22 Uhr. Ist man in Lüttich, isst man *Boulets* (Hackfleischkugeln). Die echten *Boulets à la liégeoise* werden in süß-saurer Soße mit Rosinen, belgischen Pommes und Apfelmus serviert. In der gemütlichen Gaststube oder im urigen Kellergewölbe des Bistrots schmecken sie besonders gut.

❯ **Sava** €€€, im Gebäude des Hotels Amosa Liège (s. S. 66), http://savanatures cuisine.be, WLAN, geöffnet: So.–Di. 7–22, Fr., Sa. 7–23 Uhr. Wer Steaks liebt, wird hier glücklich. In dem südamerikanischen Restaurant versteht man sein Handwerk. Aber auch das schöne Ambiente mit Loft-Charakter (ehemalige Straßenbahn-Remise), Backsteinmauern und offener Küche ist schon einen Besuch wert.

033ma·fo©Marek Brandt

Lüttichs süße Versuchung
Im 13. Jahrhundert kam ein Schmied auf die Idee, Backformen mit dem Muster von Bienenwaben herzustellen. Der darin gebackene Kuchen bekam daraufhin den französischen Namen für Bienenwabe verliehen: *gaufre*. So heißen die Lütticher Waffeln noch heute „Gaufre de Liège".

Einkaufen

🛍**8** [ce] **La Batte,** linkes Maas-Ufer, Quai de Maestricht, Lüttich, geöffnet: ganzjährig, So. 8–14.30 Uhr. Jeden Sonntagmorgen ist auf einer 3,6 km langen Strecke die Straße an der Maas gesperrt und es werden Marktstände aufgebaut. Der traditionsreiche Markt zieht Einheimische und Touristen gleichermaßen an. Verkauft wird so gut wie alles – von der Unterhose und dem Kaninchen über Obst und Gemüse bis zum Handyladegerät und Billigparfüm.

🔲 *Pommes sind das Leibgericht der Belgier*

🔲 *Die Anreise mit dem Zug wird belohnt: der architektonisch spannende Bahnhof Liège-Guillemins*

🛍 **9** [af] **Passage Lemonnier**, Rue Saint-Rémy 7, Lüttich, http://passagelemonnier.com. Vom Architekten Lemonnier 1839 erbaute und später im Art-déco-Stil umgebaute Passage mit (Luxus-) Geschäften.

🛍 **10** [be] **Une gaufrette, saperlipopette!**, Rue des Mineurs 7, Lüttich. Immer der Nase nach ... Der kleine Laden verströmt den köstlichen Duft frisch gebackener Waffeln (Lüttichs Spezialität!), hausgemachter Crêpes und Madeleines. Kein Wunder, dass der Andrang groß ist und die Menschen oftmals bis weit auf den Gehsteig in der Schlange stehen. Doch es lohnt sich!

🛍 **11** [bf] **Wattitude,** Rue Souverain-Pont 7, http://wattitude.be. Hausgebrautes Bier, Designobjekte, Kunsthandwerk, Schokoladen (u. a. Schokobärte), Kerzenständer aus Kristall – Wattitude verkauft wallonische Produkte. Ideal als Mitbringsel für die Daheimgebliebenen.

Übernachten

🏨 **12** [bf] **Amosa Liège** €€€, Rue St Denis 4, Lüttich, Tel. +32 (0)43 319335, http://amosaliege.be. Mitten im Zentrum von Lüttich an einem kleinen Platz gelegenes Hotel (dadurch können die zum Place Saint-Etienne gelegenen Zimmer wegen der Restaurantterrassen etwas lauter sein) mit nur 18 modern eingerichteten Zimmern. Sehr nettes, junges Personal und hervorragendes Steak-Restaurant im Hause (siehe Sava, S. 65).

🏨 **13** [af] **Pentahotel** €€, Boulevard de la Sauvenière 100, Lüttich, Tel. +32 (0)42 217711, www.pentahotels.com/de/hotels/liege/hotel-information. Das Hotel mit über 100 Zimmern befindet sich in der Altstadt und gehört zur Mercure-Gruppe. Zwar ist das Gebäude von außen nicht unbedingt ansprechend, doch die Zimmer sind modern eingerichtet und die Preise durchaus bezahlbar.

MAASTRICHT ERLEBEN

Maastricht für Kunst- und Museumsfreunde

Die Museen und Kulturstätten der Stadt gehören zu den bedeutendsten der Niederlande, denn Maastricht ist eine sehr alte Stadt und kann Relikte vorweisen, die aus der Römerzeit und dem Mittelalter stammen. Bei den vielen Ausgrabungen in den Mergelgruben und auf dem ENCI-Gelände kamen herausragende prähistorische Funde ans Tageslicht – wie der Mosasaurus. Darüber hinaus tut sich auch im Bereich der modernen und zeitgenössischen Kunst sehr viel und natürlich trägt die weltbekannte Kunstmesse TEFAF ihren Anteil zum Kunstgeschehen in Maastricht bei.

Museen

26 [F6] **Bonnefantenmuseum.** Es ist bei einem Stadtspaziergang nicht zu übersehen: Das von Aldo Rossi errichtete, auffällige Gebäude am Maas-Ufer beherbergt neben moderner und zeitgenössischer Kunst auch Werke aus dem Mittelalter und Gemälde aus den Niederlanden (16. und 17. Jahrhundert, s. S. 49).

14 [C1] **Bureau Europa,** Timmerfabriek, Boschstraat 9, Tel. 3503020, www.bureau-europa.nl, geöffnet: Mi.–So. 11–17 Uhr, Eintritt: Erw. 5 €, Schüler und Studenten 3 €. Bureau Europa wurde 2006 als Ableger des Nederlands Architectuurinstituut (NAi) in Rotterdam gegründet. Seit 2013 arbeitet die Organisation als Plattform für Architektur und Design selbstständig. Hier finden regelmäßig Lesungen, Workshops und Wechselausstellungen rund um die Themen Städtebau, Architektur und Design statt.

◁ *Vorseite: Unwiderstehlich: „vlaai" aus der Bisschopsmolen* **13**

Ziel ist es, innerhalb Europas Wissen auszutauschen und kulturelle Projekte zu fördern.

15 [D3] **Drukkunstmuseum,** Jodenstraat 22, Tel. 3216376, https://drukkunstmuseum.wordpress.com/deutsch, geöffnet: März–Juli und Sept.–Nov. Sa. 13–17 Uhr, Eintritt: Erw. 3,50 €, Kinder und Jugendliche bis 18 Jahre 2,50 €. In dem Museum werden historische und teilweise noch betriebsfähige Druckerpressen und dazugehörige Werkzeuge aus der Zeit um 1900 gezeigt. Zudem erhält der Besucher einen Überblick über die Geschichte der Druckkunst und das Industrieerbe Maastrichts. Weiterhin zeigt das Museum auch Grafiken, Zeichnungen und Objekte des Künstlers und Museumsgründers René Glaser.

15 [E5] **Helpoort.** Das einzige noch erhaltene Stadttor von Maastricht ist Teil der historischen Stadtmauer, kann in den Sommermonaten besichtigt werden und bietet eine kleine Ausstellung zum Thema „Maastricht als Festungsstadt" (s. S. 36).

16 [B3] **Marres,** Capucijnenstraat 98, Tel. 3270207, www.marres.org, geöffnet: Di.–So. 11–17 Uhr, Eintritt: 15 €, Studenten und Senioren 7,50 €. Marres, das Haus für zeitgenössische Kultur, öffnete im Jahr 1998 seine Pforten. Der Name stammt von der Brauerfamilie Marres, in deren Besitz sich das schöne Gebäude mit den Stuckdecken einmal befand. Es finden regelmäßig Ausstellungen, Performances, Lesungen und Workshops rund um das Thema Bildende Künste statt. Die Ausstellungen, die vierteljährlich wechseln, haben zum Ziel, alle Sinne anzusprechen. So gab es beispielsweise im Sommer 2016 eine Ausstellung über den Starkoch Ferran Adrià, der die Molekularküche mitbegründete. Im Hinterhof des Kunstzentrums befindet sich Marres Kitchen (s. S. 78), ein bei Maastrichtern beliebtes Restaurant mit syrisch-sizilianischer Küche.

❽ [C4] **Museum aan het Vrijthof.** Im historischen Gebäude Spaans Gouvernement ist heute das Museum aan het Vrijthof untergebracht. Dort, wo früher Karl V. während seiner Maastricht-Besuche übernachtete, werden heute 500 Jahre Wohnkultur und Kunsthandwerk sowie Wechselausstellungen moderner Kunst gezeigt (s. S. 28).

❿ [C5] **Naturhistorisches Museum.** Ein Muss für jeden Saurierfan, denn hier werden die Funde der Mosasaurier gezeigt. Man kann sogar beim Präparieren der Skelette zusehen. Neben Flora und Fauna (50.000 verschiedene Arten!) wird auch die Geologie der Gegend erläutert (s. S. 39).

⓫ [D4] **Römische Ausgrabungen.** Im Keller des Hotels Derlon stieß man im Jahr 1983 auf Überreste eines römischen Tempelkomplexes, die heute gratis besichtigt werden können (s. S. 32).

🏛17 [F4] **Stoombierbrouwerij (Dampf-Brauerei) De Keyzer,** Wycker Grachtstraat 26, www.brouwerijbosch.nl. Jeden Samstag um 14 Uhr wird eine zweieinhalbstündige Führung durch die historische Brauerei angeboten, danach gibt es eine Bierverkostung (Anmeldung und Startpunkt: VVV Maastricht, s. S. 111). Die Brauerei De Keyzer war in den Jahren 1758 bis 1970 aktiv. Heute wird hier kein Bier mehr gebraut, doch viele der Gerätschaften und Installationen sind erhalten geblieben und können besichtigt werden. Während der Führung erfahren die Besucher, wie früher Bier gebraut wurde. Zudem können sie einen Blick in die Wohnung der Brauerfamilie Bosch werfen: Das monumentale Treppenhaus mit dem roten Teppich, der Salon mit dem stilvoll eingedeckten Esstisch und das Direktorenzimmer lassen erkennen, wie nobel die High Society von Maastricht

035ma-ug

rund um das Jahr 1900 wohnte. Nicolaas Antoine Bosch verdiente sein Geld aber nicht nur mit dem Brauen von Bier – auch mehrere Fabriken gehörten ihm.

Kunstgalerien

🎨18 [D5] **Galerie Dis,** Tafelstraat 28, Tel. 3215479, http://galeriedis.nl, geöffnet: Do.–So. 12–17 Uhr. Die Galerie im Jekerkwartier, zu der auch das kleine Hotel Dis (s. S. 124) gehört, zeigt vor allem zeitgenössische Kunst junger Studenten. Die Galerie beherbergt auch ein kleines Café, das Kunstlokaal.

🎨19 [C5] **Galerie Moa,** Grote Looiersstraat 28a, Tel. 0625599901, www.galerie moa.nl, geöffnet: Mi.–Sa. 11–17 Uhr. Mitten im Jekerkwartier, in einem *palazzo*, leitet der Kunstkenner Barend Fisser seine Galerie Moa. Zu sehen ist zeitgenössische Kunst: Gemälde, Skulpturen, Fotografien und 3-D-Installationen von Künstlern wie Yan Marczewski, Den Bar, Alexa Meyerman, Jean-Marc Spaans,

🔺 *Das Museum Marres beschäftigt sich mit der Bildenden Kunst*

036ma-ug

Rainer Tillmann und Han de Vries. Beeindruckend ist die Kombination aus historischen Gemäuern und moderner Kunst.

🔾**20** [G5] **Galerie Post + García,** Avenue Céramique 17, www.postgarcia.nl, geöffnet: Mi.–Fr. 11–18, Sa. 11–17, So. 13–17 Uhr. In der Avenue Céramique zeigen Peter Post und die Spanierin Paloma García in dem runden, von Mario Botta entworfenen Gebäude „La Fortezza" Werke niederländischer und internationaler Künstler, unter ihnen Armando, Christo und Sidi El Karchi.

🔾**21** [C2] **Huub Hannen Galerie,** Boschstraat 50, Tel. 3255552, www.huub hannen.nl, geöffnet: Fr. und Sa. 13–17 Uhr. Huub Hannen repräsentiert mehr als 20 junge, aber auch etablierte Künstler, größtenteils aus Belgien und den Nie-

🔼 *Moderne Kunst in alten Gemäuern: Galerie Moa (s. S. 69)*

▷ *In Maastricht kann man gut essen und trinken*

derlanden, die in den Bereichen Malerei, Skulptur, Fotografie und Glaskunst tätig sind.

🔾**22** [D4] **Onze Lieve Vrouwe Galerie,** Onze Lieve Vrouweplein 4, http://olvrou wegalerie.nl, geöffnet: Do., Fr. 13–18, Sa. 12–17 Uhr. Die Arbeiten von rund zehn Künstlern sind in einem historischen Gebäude am Onze Lieve Vrouweplein zu sehen.

Kunst unter freiem Himmel

●**23** [D4] **De Mestreechter Geis,** Stokstraat, Maastricht. Am Beginn der Stokstraat/ Ecke Maastrichter Smedenstraat steht auf einem kleinen Platz die etwas über einen Meter große Bronzeskulptur „De Mestreechter Geis". Der Name bedeutet soviel wie „Der Maastrichter Geist" (Geist im Sinne von Mentalität und Gesinnung). Und wie ist der Maastrichter Geist? Humorvoll, selbstbewusst, engagiert und voller Liebe zu seiner Stadt. Der Maastrichter lebt, trinkt und singt gern. Die Skulptur, die diese Eigenschaften wiederspiegeln soll, stammt vom Bildhauer Mari Andriessen und war ein Geschenk der Maastrichter Bürger zum 25. Amtsjubiläum ihres Bürgermeisters Michiels van Kessenich im Jahr 1963.

●**24** [F5] **Stars of Europe,** Avenue Céramique, Maastricht. Die 35 Aluminiumsterne, die auf langen Stäben stecken, sollen an den Maastrichter Vertrag erinnern. Sie sind das Werk der Künstlerinnen Maura Biava und Ruby van den Munckhof. Die zwölf großen Sterne repräsentieren die Gründungsländer der EU, die kleinen Sterne die Staaten, die seit dem Vertrag von Maastricht dazugekommen sind, wobei es mehr Sterne als Mitgliedsländer gibt – es gibt also noch „Spielraum". Auf den Sternen stehen Zitate großer europäischer Dichter und Denker wie Umberto Eco und Stefan Zweig.

Maastricht für Genießer

In den Niederlanden gilt Maastricht als *die* Stadt der Genießer. Man nennt es „**bourgondisch genieten**", wobei das „burgundisch" mit Lebensfreude verbunden wird. Vermutlich ist der Ursprung dieser Bedeutung auf die burgundischen Herzöge Philipp der Gute und Karl der Kühne von Burgund zurückzuführen, die für ihren luxuriösen Lebensstil bekannt waren und zu deren Reich auch ein Teil der Niederlande gehörte. Weil auch die Einwohner der Provinz Limburg und somit die Maastrichter gern essen und trinken, hat sich der Begriff „burgundisch" auf ihre Lebensart übertragen. Und da ein burgundischer Genuss nur dort möglich ist, wo es entsprechend köstliche Dinge gibt, gibt man sich in Maastricht die allergrößte Mühe, diesem Ruf gerecht zu werden.

Essen und Trinken

Es gibt kaum jemanden, der Maastricht besucht und sich einen **vlaai** entgehen lässt. Der **vlaai** gehört zu Maastricht wie die Sachertorte zu Wien, nur dass er weniger gehaltvoll aussieht und leichter schmeckt. Er besteht nämlich größtenteils aus einer dicken Schicht Fruchtfüllung (Aprikosen, Äpfeln, Kirschen, Erdbeeren, Blaubeeren, Pflaumen oder Stachelbeeren) auf einem Hefeteig. Auf der Fruchtschicht befindet sich dann noch ein Teiggitter oder eine geschlossene Teigdecke mit grobem Zucker. Die Maastrichter behaupten, den besten *vlaai* gebe es in der **Bakkerij Mathieu Hermans** (s. S. 90) oder in der **Bisschopsmolen** **13**, wo er mit Dinkelmehl zubereitet wird (s. S. 81).

Zu den Spezialitäten gehört auch *zuurvlees,* das in Maastricht **zoervleis** geschrieben wird. Es erinnert an einen Sauerbraten, nur dass das Fleisch in kleineren Stücken in einer dunklen Soße geschmort wird. Nach alter Tradition wird das *zoervleis* mit Pferdefleisch zubereitet, bekannt dafür ist das **Café Sjiek** (s. S. 73). Auch im Imbiss **Reitz** (s. S. 74) am Markt gibt es *zoervleis* mit Pommes, dort ist die Soße allerdings etwas dünnflüssiger und saurer im Geschmack.

037/ma-ug

Einen süß-sauren Geschmack hat auch das typisch Maastrichter Gericht **Knien in ut zoer.** Es besteht aus Kaninchenfleisch, das sauer eingelegt wurde und dann in einer Soße mit vielen Gewürzen, *ontbijtkoek* (Honigkuchen) und Apfelsirup gekocht wird.

Ein weiteres charaktervolles kulinarisches Highlight ist der **Rommedoe-Käse,** der in Deutschland auch als Limburger durchgehen könnte. Dieser *stinkkaas* schmeckt herrlich, doch sollte man ihn nicht allzulange im Kühlschrank aufbewahren, denn sonst macht sich sein Duft in der ganzen Küche breit. Rommedoe-Käse gibt es beispielsweise im Käseladen **'t Rommedoeke** (s. S. 91) in Wyck.

Dazu schmeckt ein **Limburger Wein,** der u. a. auf dem Weingut Apostelhoeve vor den Toren der Stadt angebaut wird. Zu den Rebsorten von Apostelhoeve gehören Müller-Thurgau, Riesling, Auxerrois und Pinot-Gris.

Wie in den Niederlanden üblich, so wird auch in Maastricht eher am Abend warm gegessen und zu **Mittag** ein kleines Gericht verzehrt, bestehend aus Suppe, Salat und/oder belegtem Brötchen *(broodje).* Das broodje kann dabei derart groß ausfallen, dass man unter den Bergen an Beilagen wie Hähnchen, Carpac-

cio oder Kroketten das Brot oder Brötchen manchmal suchen muss. Am **Abend** lässt man es sich ordentlich schmecken und bestellt gerne ein **mehrgängiges Menü** mit *voorgerecht* (Vorspeise), *hoofdgerecht* (Hauptspeise) und *nagerecht* (Nachspeise). Wer nach dem **Tagesmenü** *(dagmenu)* oder **Wochenmenü** *(weekmenu)* fragt, der kommt meistens günstiger weg, als wenn man alle Gerichte einzeln bestellt.

In den Niederlanden ist ein **café** weniger ein Anlaufpunkt für Kaffee und Kuchen, sondern vielmehr eine Kneipe oder ein Lokal, in dem man vereinzelt mittags, auf jeden Fall aber abends ein warmes Essen und ein Bier bekommt. Und – aber das ist inzwischen ja bekannt – ein **coffeeshop** bietet auch keinen Kaffee mit etwas Süßem an, sondern vielmehr **Haschisch und Marihuana.** Während der Besuch eines *coffeeshops* in Amsterdam oder Den Haag auch für Ausländer möglich ist, ist in Maastricht der **Verkauf weicher Drogen an Ausländer** aufgrund des zugenommenen Drogen-Tourismus **nicht mehr erlaubt.** Man muss einen Wohnsitz in den Niederlanden nachweisen können.

Unter „Cafés und Bistros" (s. S. 81) werden die Einkehrmöglichkeiten genannt, die nach deutschem Verständnis unter den Oberbegriff „Café" fallen: Kaffee, Tee, Kuchen, Croissants und kleine Snacks inbegriffen.

Restaurantkategorien

Die im Folgenden angegebenen Preiskategorien bziehen sich auf ein Hauptgericht ohne Getränke.

€	bis 15 €
€€	15–20 €
€€€	20–25 €
€€€€	ab 25 €

Hervorhebenswerte Lokale

Niederländische Küche

25 [D3] **Café de Zwan** €€, Markt 68, Tel. 3215421, www.dezwaanmaastricht. nl, geöffnet: Sa.–Di., Do. 9–24 Uhr, Mi., Fr. 8–24 Uhr. Gutes Preis-Leistungs-Verhältnis und das zentral am Marktplatz von Maastricht. Seit über 100 Jahren bei den Maastrichtern beliebt, die sich hier Steaks, Coq au bière und frischen Fisch vom Markt schmecken lassen.

26 [C4] **Café in den Ouden Vogelstruys** €, Vrijthof 15, Tel. 3214888, www.vogelstruys.nl, geöffnet: tägl. ab 9.30 Uhr, WLAN. Die Geschichte des ältesten Lokals Maastrichts geht bis ins 14. Jh. zurück, wobei das heutige Gebäude aus dem Jahr 1730 stammt. Wie die Kneipe zu diesem eigentümlichen Namen kam? Man vermutet, dass die Straußeneier aus der Schatzkammer der gegenüberliegenden Sint Servaaskerk dafür verantwortlich waren. Viele der Pilger, die in der früheren Herberge des Ouden Vogelstruys übernachteten, waren scheinbar schwer beeindruckt von den seltsamen Gebilden. Heute übernachtet hier keiner mehr, doch dafür kann man sehr gut essen und trinken. Es gibt *bruudsjes,* also Brötchen mit diversen Belägen, und am Abend u. a. das legendäre *Mestreechs zoervleis,* also Sauerfleisch mit Apfelmus und Salat, sowie Satéspieße. Die Atmosphäre ist urgemütlich und vom Frühlingsanfang bis zum Herbst sitzt man draußen auf der Terrasse am Vrijthof.

27 [D5] **Café Sjiek** €€, Sint Pieterstraat 13, geöffnet: Mo.–Mi. 17–2, Do.–So. 12–2 Uhr, WLAN. Im Namen des Lokals versteckt sich eine kleine Andeutung: Das Café Sjiek ist zwar nicht schick im Sinne von Designer-Einrichtung (die ist eher urig-gemütlich), doch das Restaurant zieht viele Maastrichter an, die sich nach dem Shopping treffen, um ein Glas Wein zu trinken oder etwas zu essen. Es geht im Sjiek auch ein bisschen ums Sehen und Gesehenwerden. Kein Wunder, warum sich hier jeder gern einfindet: Das Essen, vor allem das *zoervleis* mit dicken Pommes (hier wird das Sauerfleisch nach Originalrezept mit Pferdefleisch zubereitet!) ist ein Gedicht. Es gibt aber auch Wild, Ente oder *gehaktballen* (Hackfleischbällchen). Dazu trinkt man ein Sjiek-Bier oder ein Glas Wein (große Weinkarte!). Wer es *sjieker* („schicker") mag, der bestellt sich Austern. Bitte beachten: Eine Reservierung ist nicht möglich. Um sich einen Platz im Lokal zu sichern, das nicht viel größ-

Café Zondag: zu Gast im Wohnzimmer des Viertels

Nicht nur am *zondag,* also am Sonntag, ist es hier schön. In diesem Eckhaus an der Wycker Brugstraat stehen schwarze Barhocker an der Theke, der Boden ist bunt gefliest und einfache Holztische und -stühle laden zum Essen ein. Das sollte man auch tun, denn das Zondag hat sich der „Paninologie" verschrieben. Es gibt besonders gute Brötchen zum Lunch: Bagels, Panini, *broodjes* mit Carpaccio, Mozzarella oder gratiniertem Manchego und Vegaburger, um nur einige Beispiele zu nennen. Zum Frühstück, Mittag- oder Abendessen ist man hier ebenso gut aufgehoben wie auf einen schnellen Kaffee zwischendurch. Für viele Bewohner des Stadtviertels Wyck ist das Café wie eine Art Wohnzimmer. Am Sonntag kommt man zum Brunch, am Abend trifft man sich mit Freunden. Dann wird häufig die Musik lauter gedreht und an der Theke kann man prima ein *biertje* trinken.

28 [E4] **Café Zondag** €, Wycker Brugstraat 42, www.cafezondag.nl, geöffnet: tägl. 10–2, am Wochenende bis 3 Uhr, WLAN

ßer als ein Wohnzimmer ist, sollte man am besten schon um 17 Uhr vorbeischauen. Im Sommer ist die herrliche Terrasse im Schatten eines alten Klosters empfehlenswert.

🕀29 [D4] **Eetcafé La Lanteern** €, Onze Lieve Vrouwenplein 26, Tel. 3214326, http://lanteern.nl, geöffnet: tägl. 10–2 Uhr, WLAN. Manchmal hat man einfach keine Lust, schick essen zu gehen. Dann soll es lieber etwas gemütlicher, einfacher und auch etwas günstiger sein. In diesem Fall ist La Lanteern eine echte Empfehlung. Obwohl sich das Restaurant direkt an dem beliebten Onze Lieve Vrouwenplein befindet und auf diesem auch eine große Terrasse hat, sind die Preise mehr als erfreulich: Für Lachs, Schweinelende oder Kabeljau zahlt man unter 15 €. Das Essen ist gut und reichlich; drinnen herrscht die Atmosphäre einer urgemütlichen Wirtsstube in historischen Gemäuern.

🕀30 [D3] **Jour de Fete** €€, Markt 32, Tel. 3256932, www.eetcafejourdefete. nl, geöffnet: Mo.–Fr. 10–1, Sa. 9–2, So. 9.30–24 Uhr. In den Niederlanden nennt man sie *eetcafé* oder *bruine kroeg*, die dunklen Lokale mit den Holzwänden und -tischen und den langen Tresen – so gemütlich, dass man bis spät in der Nacht dort sitzen möchte. Zu dieser Sorte Lokal gehört auch das Jour de Fête (im Sommer ist es draußen auf der Terrasse mindestens genauso schön). Hinzu kommt ein hervorragendes Essen, bodenständig, ausreichend und typisch für die Gegend: z. B. *Knien in t zoer* (Kaninchen), *wildstoof* (Schmortopf mit Wild) und Fischpfanne.

🕀31 [D4] **Pothuiske** €€, Het Bat 1, Tel. 3216002, http://pothuiske.nl, geöffnet: Di.–Mi.10–24, Do.–Sa. 10–2, So. 10–21 Uhr, im Juli und August auch Mo. geöffnet, WLAN. Das kleine weiße Backsteinhaus mit Terrasse befindet sich am Eingang zur Shoppingmeile Stokstraat.

So mancher Ehemann wird zu seiner Frau gesagt haben: „Geh' du schon mal einkaufen, ich bleibe hier und trinke ein Bier". Bier gibt es im Pothuiske in großer Auswahl: 12 Sorten vom Fass, 65 aus der Flasche, darunter so vielversprechende Sorten wie „Delirium tremens" und „Duvel" („Teufel"). Die Shoppingtour hat sich danach vermutlich erübrigt, vor allem, wenn man eines der „Bier-Menüs" bestellt, die aus drei bis vier „Gängen" bestehen, darunter hochprozentige Trapisten- und Spezialbiere. Damit das Bier noch besser mundet, werden auch kleine Gerichte angeboten, beispielsweise die Spezialität des Hauses *Geuldals engeltje*, ein Schmorgericht aus Fleisch vom Geultaler Lamm und Limburger Gemüse.

🕀32 [D3] **Reitz** €, Markt 75, Tel. 3215706, www.reitz.nl, geöffnet: Di.–So. 11–19, Do. bis 21.15 Uhr, WLAN. Fragt man einen waschechten Maastrichter, wo man zum Essen hingehen sollte, dann empfiehlt er das Reitz. Wie – eine Pommesbude? Ja! Denn dort gibt es die vermeintlich besten Pommes der Stadt, besonders lecker mit dem legendären *zoervleis*. Das Reitz ist nicht nur eine Institution in Maastricht, sondern im ganzen Land, denn es ist die älteste Pommesbude der Niederlande.

🕀33 [F4] **'t Wycker Cabinet** €€, Wycker Brugstraat 29b, Tel. 3510591, www. wyckercabinet.nl, geöffnet: tägl. 10–2 Uhr. Der Name deutet es an: Das Bistro ist im Szeneviertel Wyck gelegen und ist auch ebenso trendy – mit Holzstühlen und -tischen, die ein bisschen an eine alte Schule erinnern. Von der Decke baumeln Glühlampen und große kupferfarbene Kugeln. Die Theke ist weiß gefließt und die Wände bestehen zum Teil aus Backsteinen. Auf der Karte stehen z. B. *Confit de Canard* (Enten-Confit), Cabinet-Burger (mit Trüffelmayonnaise), Ravioli mit Steinpilzen, Weinbergschnecken oder Lachs. Es gibt auch Tagesgerichte.

Haute Cuisine

34 [F5] **Beluga** €€€€, Plein 1992, Tel. 3213364, www.belugalovesyou.com, geöffnet: Mo.–Sa. 12–13.30, 18.30–21 Uhr. Das weiße Gebäude des mit zwei Michelin-Sternen gekrönten Restaurants Beluga dürfte jedem Maastricht-Besucher aufgefallen sein: Es steht prominent im Stadtteil Céramique an der Maas, am Fuße der Hoge Brug. Drinnen gibt es mehrere Restaurantbereiche, draußen eine Terrasse. Wo auch immer man sich niederlässt, das Essen ist erstklassig – und entsprechend hochpreisig. Ein Saison-Menü am Abend schlägt mit rund 100 € zu Buche, etwas günstiger ist es mittags: Vier Gänge kosten dann 55 €. Dafür bekommt man aber auch etwas geboten: Ente, Thunfisch, Krabbe. Und wenn man es richtig krachen lassen möchte, dann gibt es Kaviar, Austern, Froschschenkel, Schwarzwälder Kirschtorte und Champagner. Preisgekrönter Beluga-Chef ist seit 15 Jahren Hans de Wolde. Sein Motto: Essen auf Top-Niveau, aber in einer lockeren Atmosphäre und ohne viel Getue.

◺ *Im Sommer auf der Terrasse des 't Wycker Cabinet*

35 Château Neercanne €€€€, Cannerweg 800, www.oostwegelcollection.nl/de/chateau-neercanne/kulinarik/restaurant, geöffnet: Mo.–Fr., So. 12–14.30, 18.30–21.30, Sa. 18.30–21.30 Uhr. Ein Schloss vor den Toren Maastrichts, zu seinen Füßen ein geometrisch angelegter Garten und im Hintergrund ein bewaldeter Hügel – das ist die Kulisse für feinstes Essen auf Sterneniveau mit Blick auf das Jeker-Tal. Das Essen des Küchenchefs Hans Snijders wurde mit einem Michelin-Stern ausgezeichnet und umfasst Delikatessen wie Makrele, Jakobsmuscheln, Hummer, Trüffel-Gnocchi u. v. m. (Speisekarte auch in deutscher Sprache). Wer möchte, der kann ein Rundumverwöhnpaket buchen und dabei die anderen Destinationen des Limburger Hoteliers Camille Oostwegel kennenlernen. So besteht die Möglichkeit, im Château Neercanne zu essen und im Kruisherenhotel ❾ zu übernachten oder ein Wochenende mit einem kulinarischen Aufenthalt im Château St. Gerlach (s. S. 127) zu verbinden.

36 [D3] **Rantrée** €€€, Kesselskade 59, Tel. 3215140, http://rantree.nl, geöffnet: Mi. 18–21, Do.–Sa. 12–14, 18–21, So. 12–21 Uhr. An der Uferpromenade befindet sich dieses feine Restaurant, dessen Küche in den höchsten Tönen gelobt wird. Angeboten wird u. a. ein „Bib Gourmand Menu", wie der Guide Michelin sorgfältig zubereitete, aber dennoch erschwingliche Mahlzeiten bezeichnet. Die Atmosphäre mit den hellen Steinwänden und den modernen Holztischen ist stilvoll-gemütlich; die Speisekarte ist auch auf Deutsch erhältlich.

🍴**37** [D4] **Rozemarijn** €€€€, Havenstraat 19, Tel. 4506505, http://restaurant-rozemarijn.nl, geöffnet: Mo.–Sa. 12–14, 18.30–21.30 Uhr, WLAN. Auch wenn es sich so anhört: Die Havenstraat liegt nicht am Hafen, sondern mitten in der Altstadt, neben dem Onze Lieve Vrouweplein. Das Rozemarijn kombiniert die Meeresküche Zeelands mit französischen Einflüssen. Heraus kommen dabei kulinarische Highlights wie Thunfischtatar, Jakobsmuschel mit Trüffel, Fasan und Reh mit Sellerie, Apfel und Schokolade. Wer sich kulinarisch inspirieren lassen möchte, der wählt das „Inspiratie Menu" von Chefkoch Jeroen und lässt sich überraschen.

🍴**38** [D5] **Tout à Fait** €€€€, Sint Bernardusstraat 16–18, Tel. 3500405, www.toutafait.nl, geöffnet: Mi.–Fr. 12–14, 18–22, Sa. 18–22, So. 12–22 Uhr. Und noch ein Sternerestaurant in Maastricht: Tout à Fait befindet sich in der Nähe des Onze Lieve Vrouweplein und erfreut sich seit 2002 eines Michelin-Sterns. „Patron-Cuisinier" Bart Ausems orientiert sich an der Saison und serviert seine Gerichte an Holztischen. Im Fokus der Zubereitung stehen – laut eigener Aussage – „Liebe und Achtsamkeit".

Internationale Küche

🍴**39** Bijzonder €€€, Luikerweg 33, Tel. 3110003, http://bijbijzonder.com, geöffnet: Mi.–So. 10.30–23 Uhr, WLAN. „Bijzonder" heißt „besonders" und das ist dieses Restaurant zu Füßen des Forts

Sint Pieter auch. Die Besitzer erklären ihr Konzept so: „Die Leute möchten gern wissen, was sie essen, woher es kommt und warum es gut für sie ist. Mit Bijzonder haben wir einen Ort geschaffen, an dem wir pure und ehrliche Produkte verwenden. Wir überraschen mit besonderen Gerichten; Gesundheit und Gemütlichkeit kommen hier zusammen." Und noch ein Aspekt kommt hinzu: Foodsharing. Die Gerichte haben die Größe eines Zwischengerichts. Die meisten bestellen zwei bis drei Gerichte und dann wird geteilt. Was es gibt? Zum Beispiel Seewolf aus dem Ofen, Kichererbsenpizza, indisches Ratatouille (vegan), Aubergine und Ziegenkäse auf gebackener Polenta oder Falafel. Es wird deutlich: Auch Veganer und Vegetarier kommen nicht zu kurz. Frisches Gemüse, Körner, Nüsse und auf Wunsch glutenfreie Getreidesorten stehen auf dem Programm.

🍴**40** [B2] **Brandweerkantine** €€, Capucinenstraat 21, Tel. 8522229, http://brandweerkantine.nl, geöffnet: Mo. 8–18, Di.–Fr. 8.30–22.30, Sa./So. 10–22.30 Uhr, WLAN. Am Rande des Sphinxkwartiers steht die Brandweer, eine frühere Feuerwehrzentrale, in der heute Studios und Ateliers von Kreativen und Künstlern untergebracht sind und zu der ein lässiges Café-Restaurant gehört. Dort, wo früher die Feuerwehrautos parkten, stehen heute Holztische und -stühle und man spürt es sofort: Die Brandweerkantine hat einen hohen Kreativitätsfaktor. Auf den Tischen liegen Laptops, Fotokameras und Skizzen. Es wird viel diskutiert, gearbeitet, gelacht und natürlich auch gegessen. Es herrscht eine lockere Atmosphäre, in der man sich auch als Alleinreisender wohlfühlt. Das Publikum ist ebenso international wie die Getränkekarte: Rhabarberlimonade aus Berlin, Bier aus Bayern, Almdudler aus Österreich und selbstgemachte Minzlimonade aus Maastricht.

Das Angebot besteht mittags aus einer großen Auswahl an Broten: Bagels, Sauerteig- und Pitabrot mit allerlei oben drauf – von Falafel und Haloumi über Wurst und Fleisch bis hin zur Artischockentapenade mit gerösteten Mandeln und Rucola (lecker!). In der Brandweerkantine kann man auch frühstücken oder zu Abend essen. Tipp: Am Donnerstagabend wird ab 17 Uhr in der Halle neben dem Restaurant ein kleiner Markt abgehalten, bei dem Produkte der Region verkauft werden.

41 [G4] **Dadawan** €€, Spoorweglaan 1, www.dadawan.nl, geöffnet: tägl. 12–22 Uhr, am Wochenende 8–11 Uhr, WLAN. Schon kurz nach seiner Eröffnung zählte das Dadawan laut Tripadvisor zu den zehn besten Restaurants Maastrichts. Scheinbar wird hier alles richtig gemacht, einschließlich eines herausragenden Preis-Leistungs-Verhältnisses. Das Restaurant gegenüber dem Bahnhof ist hell und freundlich eingerichtet. Man sitzt auf sandfarbenen Lederstühlen und -sofas, von der Decke baumeln kupferne Lampen und zwei große, moderne Hummerskulpturen deuten an, dass man auch diese Köstlichkeiten serviert bekommt. Doch der Klassiker ist das koreani-

sche Gericht Bibimpab: Reis, Gemüse, Fleisch oder Fisch, Ei und Soße, serviert in einem Dadawan, einer großen steinernen Schüssel. Weitere Highlights: Nudelsuppe mit Hähnchen, Schweine- oder Rindfleisch, Garnelen und Fleisch- sowie Fischgerichte, serviert auf einer glühendheißen Steinplatte. Aber auch Burger und Sushi stehen auf der Karte. Serviert werden die großen Portionen von einem jungen Team, dem man den Spaß an der Arbeit ansieht. Wer möchte, kann sich Thai Chicken und Co. auch beim benachbarten Dadawan2go mitnehmen.

42 [D1] **Harbour Club** €€€, Bassinkade 4, Tel. 4506666, www.harbourclub.nl, geöffnet: Di.–Sa. 12–14, 18–22 Uhr, So. 12–14, 17–21 Uhr, WLAN. Der Harbour Club hat sich in einem der historischen Kellergewölbe am Binnenhafen von Maastricht angesiedelt. Im Sommer lockt die Terrasse am Wasser, wobei ein Dinner drinnen unter der Gewölbedecke mindestens genauso schön ist, vor allem deshalb, weil der Harbour Club von keinem Geringeren als Jan des Bou-

☑ *Essen und trinken, plaudern und arbeiten: die Brandweerkantine*

040ma-ug

041ma-ug

karte ist umfassend und hält auch ein paar gute Hausweine bereit. Ganz nach dem Motto: „Life is too short to drink bad wine".

❯ **Marres Kitchen** €€€, im Museum Marres (s. S. 68), Tel. 06 17209192, www.marres.org/nl/kitchen, geöffnet: Di.–So. 12–22 Uhr. Die Maastrichter lieben Marres Kitchen. Vor allem im Sommer ist es ein Traum, im wunderschönen historischen Garten hinter dem Kulturhaus Marres zu sitzen. Es gibt *Antipasti Misti, Baba Ganoush,* Falafel, *Tonno marinato* als Vorspeisen, Spaghetti vongole und Entenconfit als Hauptgerichte und eine täglich wechselnde Karte. Chefkoch Maher Al Sabbagh stammt aus Damaskus und seine Küche ist ein unwiderstehlicher Mix aus Syrisch und Sizilianisch. Das Restaurant ist nicht groß, dafür umso beliebter, deshalb empfiehlt sich eine Tischreservierung.

vrie eingerichtet wurde. Der niederländische Top-Innenarchitekt und -Designer mit hohem Glamour-Faktor ist bekannt für seinen modernen, in weiß gehaltenen Einrichtungsstil. So sieht auch der Harbour Club aus: weiße Ledersofas und dazwischen rote Lederstühle und -sessel. Auf der Karte stehen Austern, Thunfisch und Heilbutt, aber auch Entenbrust und Rinderlende.

🔒**43** [F3] **Harry's** €€€, Wycker Brugstraat 2, www.harrysrestaurant.nl, geöffnet: Mo.–Sa. 12–14, 18–21.30 Uhr, So. 11–21 Uhr, WLAN. Hierher kommen die Einheimischen, wenn sie sich etwas Außergewöhnliches gönnen möchten. Wen man in Maastricht auch nach einem guten Restaurant fragt, das Harry's gehört immer zu den Favoriten. Zwar liegen die Preise eher im höheren Segment, doch man kann sicher sein, dass etwas äußerst Schmackhaftes und qualitativ Hochwertiges auf dem Teller landet. Auch Vegetarier werden bei Harry's glücklich, beispielsweise beim Genuss eines erstklassigen *Baba Ganoush* (gegrille Aubergine). Weiterhin stehen Entrecote, Kabeljau, Risotto, Paella u. v. m. auf der Karte. Das Ambiente ist stilvoll mit schwarzen Holzstühlen und weißen Tischdecken, in der Mitte des Restaurants hängt ein riesengroßer Messingkronleuchter und auf den Tischen stehen Teelichter. Die Wein-

🔒**44** [D5] **Nxt Door** €€€, Koestraat 2–6, www.nxtdoor.nl, geöffnet: Mo.–Fr. 17–22, Sa. 12–22, So 13–21 Uhr. Bis vor einigen Jahren war das Nxt Door noch der kleine Bruder des Sternerestaurants Beluga. Inzwischen ist es unter neuer Führung, gekocht wird aber immer noch auf hohem Niveau. Besonders schön ist die Atmosphäre im Sommer, wenn man draußen auf der Koestraat neben dem Onze Lieve Vrouweplein sitzen kann. Auch die benachbarten Restaurants haben auf der autofreien Straße Tische und Stühle aufgestellt. Inmitten von weiß getünchten, mit Geranien geschmückten Häusern herrscht hier eine mediterrane Atmosphäre. Die Bedienung ist freundlich, das Essen schmeckt prima. Schade

△ *Bei Marres Kitchen stimmen Karte, Service und Ambiente*

▷ *Im Nxt Door kann man im Sommer wunderbar im Freien dinieren*

nur, dass die feine Entenbrust – wie so oft in den Niederlanden – mit Pommes serviert wird.

⊘45 [D4] **Sjinkerij De Bobbel** €€, Wolfstraat 32, Tel. 3217413, www.debob bel.com, geöffnet: tägl. 11–21 Uhr. Auch wenn ins traditionsreiche Bobbel nun ein neuer Besitzer eingezogen ist und sehr viel renoviert wurde, so ist das Café mit den großen Glasfenstern und den dunkelbraunen Holzwänden noch immer ein beliebter Anlaufpunkt nach dem Einkaufsbummel. Auf der Speisekarte des Bistros stehen französische Zwiebelsuppe, Steak Tatar, gegrillter Lachs und Ravioli.

⑴46 [D5] **Stadscafé Lure** €, Grote Looiersstraat 7, Tel. 3211775, www.cafe lure.nl, geöffnet: Mo.–Do. 10–23, Fr., Sa. 11–24, So. 10–23 Uhr. Eines der beliebtesten Restaurants von Maastricht, vor allem auch wegen der großen Terrasse zwischen den Bäumen der Looiersstraat und wegen der fairen Preise. In den Wintermonaten locken Muscheln, gekocht mit Weißwein oder dem Bier Brand Doppelbock, dazu hausgemachte Soßen und dicke, belgische Pommes. Weitere Gerichte: Tapas, Suppen, Brote, hausgemachte Garnelenkroketten, *zoervleis*, Hamburger, Kabeljau und und und.

⑴47 [C6] **Tapijn** €€, Tapijnkazerne 20, Tel. 3117588, www.tapijn.nl, geöffnet: täglich 10–23 Uhr. Die Brasserie Tapijn gehört zum Gelände einer früheren Kaserne, der Tapijnkazerne. Dort, wo vor ein paar Jahren noch die Offiziere zum Essen zusammenkamen, sitzen heute Studenten, Senioren, Paare und junge Familien mit ihren Kindern – kurz gesagt: alle Altersklassen. Verteidigt wird hier nicht mehr das Vaterland, sondern höchstens noch das Spielzeug. Auf der Speisekarte stehen Ente, Seezunge, Salate und diverse Vorspeisen. Die Atmosphäre des großen Speisesaals

erinnert noch ein wenig an eine Kantine, was aber durchaus Charme hat. Die Einrichtung ist Vintage mit gebrauchten Stühlen und Tischen, auch ein Spind mit Uniformen steht noch im Raum. Tipp: Am Nachmittag die Maastricht-Klassiker genießen – einen Kaffee von Blanche Dael und *vlaai* von Mathieu Hermans. Übrigens treten im Tapijn auch häufig Livebands auf, jeden zweiten Sonntag im Monat ist es die Hausband The Jack Million Big Band.

⑴48 [D5] **Witloof** €€, Sint Bernardusstraat/ Helstraat 12 (Nähe Onze Lieve Vrouweplein), Tel. 3233538, www.witloof.nl, geöffnet: Mi., Do. 17.30–21.30 Uhr, Fr., Sa. 17–22 Uhr, So. 17–21.30 Uhr, WLAN. Typisch für die belgische Küche sind Miesmuscheln, die es auch im Witloof in allen möglichen Varianten gibt, zum Beispiel mit Weißwein, in Currysoße, à la Provençale, in Biersoße etc. Für Fleischesser stehen u. a. Schmortopf, Kaninchen, Gulasch und Rumpsteak auf der Karte. Witloof ist im Übrigen das niederländische Wort für Chicorée und auch den gibt es im Witloof – und zwar als Salat, zu Kroketten verarbeitet oder gratiniert. Alles wird nach altem Familienrezept und aus Zutaten vom Bauernhof zubereitet, serviert auf bunten Tellern. Das *menuuke*, das 3-Gänge-Menü, wechselt jede Woche. Man kommt ins

Lecker vegetarisch

In einer Stadt, in der viele Studenten aus aller Welt zu Hause sind, wird natürlich auch viel vegetarisches Essen serviert. Dafür muss man nicht extra ein vegetarisches Restaurant aufsuchen. In so gut wie allen Restaurants gibt es mittags Brötchen, z. B. mit gegrilltem Gemüse, und am Abend vegetarische Gerichte. Ein besonderes Augenmerk auf vegane, glutenfreie und vegetarische Gerichte legen die Restaurants: **Bijzonder** (s. S. 76), **Cato by Cato** (s. S. 38) und **Witloof** (s. S. 79).

52 [E4] **Eetcafé Céramique** €€, Rechtsstraat 78, www.eetcafeceramique. nl, geöffnet: tägl. 17.30–22 Uhr. Viele vegetarische Gerichte, meist aus biologischen Zutaten, werden in dem kleinen Bistro in der Wycker Rechtsstraat angeboten. Für Vegetarier gibt es beispielsweise Chicorée-Rhabarber-Lasagne oder Zitronen-Risotto mit grünem Spargel.

Der erste Kaffee

53 [G3] **Douwe-Egbert-Café**, Stationsstraat 1. Douwe Egberts ist eine gute niederländische Kaffeemarke. In den letzten Jahren haben in den niederländischen Städten auch immer mehr Douwe-Egbert-Cafés eröffnet, in denen man gut frühstücken kann – und das unter der Woche bereits ab 7 Uhr (Sa. ab 9 und So. ab 10 Uhr). Das Café in Maastricht befindet sich direkt neben dem Kaboom Hotel (s. S. 124) am Bahnhof. Angeboten werden – neben Kaffee, Cappuccino, Milchkaffee, Espresso etc. – auch Chai Latte mit Sojamilch, Muffins und Kuchen.

Dinner for one

> Wer allein zu einem Trip nach Maastricht aufgebrochen ist, der muss sich beim Essengehen noch lange nicht allein fühlen. So sitzen beispielsweise in der **Brandweerkantine** (s. S. 76) Studenten, junge Kreative oder Alleinreisende beim Essen oder – an den langen Tischen an der Wand – zum Arbeiten. WLAN und Steckdosen sind vorhanden. Ideal, um auch mal einen ganzen Nachmittag in einem inspirierenden Umfeld zu verbringen.

> Auch im **Dadawan** (s. S. 77) fühlt man sich als Alleinreisender wohl, denn die lockere Atmosphäre und die netten Bedienungen geben einem das Gefühl, irgendwie dazuzugehören.

Für den späten Hunger

54 [D4] **Lucky Luc Snacks**, Sint Amorsplein 3. Von So. bis Do. gibt es hier bis 2.30 Uhr, am Freitag und Samstag gar bis 3.30 Uhr Pommes, Burger, *broodjes* und viele weitere Snacks.

In den Niederlanden gibt es auch die sog. **avondwinkels**, das sind kleine Läden, die die ganze Nacht über bzw. bis spät in der

Witloof nicht nur zum Essen, sondern auch zum Schauen, denn die Inneneinrichtung, die jährlich anders aussieht, hat schon so manchen Preis gewonnen, u. a. im Jahr 2006 den Dutch Design Award. Außerdem stand das Witloof auf der Liste der New York Times der „100 most trendy restaurant concepts in the world" (2008).

Mediterrane Küche

49 [D1] **Dock 5** €€, Bassinkade 5, Tel. 8527054, http://dockfivemaastricht. nl, geöffnet: tägl. außer Mo. 12–22 Uhr, WLAN. Das Faszinierende am Freizeithafen nördlich der Altstadt sind die Kellergewölbe entlang des Kais, in denen sich Restaurants wie Dock 5 niedergelassen haben. In der „Gastrobar" werden

Nacht geöffnet haben und in denen man sich mit dem Notwendigsten eindecken kann: Milch, Toilettenpapier, Zigaretten, Schokolade, Babybrei, Bier etc. Zwar sind die Preise etwas höher als im normalen Supermarkt, doch wen nachts der Schokoladenhunger überfällt, den stört das wahrscheinlich nicht weiter.

55 [B4] **Avondwinkel Arya,** Brusselsestraat 10, geöffnet: So.–Do. 16–2, Fr. 16–24 Uhr

56 [G3] **Avondwinkel Maastricht,** Stationsstraat 5, Tel. 7370284, geöffnet: Mo. 14–24, Di.–So. 0–12, 14–24 Uhr

Lokale mit guter Aussicht

Zwar gibt es in Maastricht auch Hügel und beim **Fort Sint Pieter** 28 auch ein Café mit tollem Blick über die Stadt, doch auch innerhalb der Altstadt kann man beim Essen durchaus einen schönen Blick genießen, zum Beispiel auf die Maas.

Entlang des Maasboulevards befinden sich an der **Sint Servaasbrug** 1 sowohl auf der Wycker-Seite als auch auf der Seite der Innenstadt viele gute Restaurants mit Terrasse am Wasser.

Weitere Terrassen mit Blick aufs Wasser gibt es am Binnenhafen Het Bassin 21: **Dock 5** (s. S. 80) und **Harbour Club** (s. S. 77), aber auch das Restaurant, das zum **Lumière Cinema** (s. S. 85) gehört.

in ungezwungener Atmosphäre qualitativ hochwertige Gerichte zu einem bezahlbaren Preis angeboten. Hört sich vielversprechend an, ist es auch. Brote mit Mozzarella, Parmaschinken und Tomate gibt es ab 6 € Euro und das Zweigängemenü für etwas über 20 €. Im Winter isst man im urigen Gewölberaum, im Sommer auf der Terrasse am Hafenbecken.

50 [D5] **Il y a** €€, Koestraat, Tel. 3250777, www.eetcafeilya.nl, geöffnet: Mo.–Fr. 17–22.30, Sa./So. 12.30–22.30 Uhr. Gemütliches Restaurant mit übersichtlicher Karte. Die Küche bietet einen köstlichen Mix aus französischer, spanischer, portugiesischer und italienischer Küche. Die Gerichte lassen sich im Sommer am besten draußen vor dem Restaurant genießen. Man sitzt nicht wirklich auf einer Terrasse, sondern in der kleinen, autofreien Koestraat, die ein herrlich französisches Flair ausstrahlt.

51 [F4] **Sjiek Kookpunt** €€, Hoogbrugstraat 15, Tel. 3541934, http://sjiek kookpunt.nl, geöffnet: Di.–Sa. 12–16, Fr., Sa. auch 17–22 Uhr, WLAN. „Leidenschaft für Italien" – unter diesem Motto schwingt Frans Schulkens den Kochlöffel in seinem kleinen Restaurant im Viertel Wyck. Serviert werden leichte Gerichte, bei denen Geschmack, Frische und Qualität im Vordergrund stehen. Pasta und Pesto sind hausgemacht, ebenso die Kräuter-Olivenöle und -essige, die es im Übrigen auch im hauseigenen Geschäft zum Mitnehmen gibt. Wer selbst so gut kochen möchte wie Frans, der kann bei ihm einen Kochkurs besuchen.

Cafés und Bistros

57 [D3] **Alley Cat Bikes & Coffee,** Hoenderstraat 15–17, geöffnet: Di.–Fr. 9–18, Sa./So. 10–17.30 Uhr. Bei Alley Cat gibt es eine witzige Mischung: Man kann sowohl einen Kaffee trinken und dazu was Süßes oder Herzhaftes essen, als auch ein neues Fahrrad der Marken Kona, Isadore oder Tokyobike kaufen.

13 [D5] **Bisschopsmolen.** Unwiderstehlich sind die mit Kirschen, Aprikosen oder Äpfeln gefüllten *vlaais,* die es im Café der Bischofsmühle ganz frisch und warm aus dem Ofen gibt.

❯ **Café Zuid,** Bordenhal 24, geöffnet: So.–Di. 10–24, Mi.–Sa. 10–1 Uhr. Das Café Zuid gehört zur Bordenhal (Theater) und

ganz besondere Spezialität: die hochwertige Schokolade des Chocolatiers Ralph Hagen. Sie ist so kostbar, dass sie wie Wein gehandelt und umschrieben wird. Ein Beispiel: Lam Dong, 74 % Kakaogehalt, Herkunftsort ist das Annamitische Gebirge in der Provinz Lam Dong in Vietnam. Der Geschmack ist würzig mit einem Hauch von schwarzen Kirschen und Tabak. Die Schokolade von Darq ist aromatisch vielschichtig, umwerfend gut und wird noch dazu fair gehandelt. Solch erstklassige Qualität hat natürlich ihren Preis.

❹ [C3] Dominicanen. Eines der schönsten und außergewöhnlichsten Cafés der Stadt, ansässig im Chorraum der ehemaligen Dominikanerkirche, die heute eine Buchhandlung beherbergt.

60 [F3] Kaldi Kaffee, Wycker Brugstraat 40, https://kaldi.nl/winkel/kaldi-maas tricht, geöffnet: Di.–Fr. 7.45–17.30, Sa. 9–18, So. 12–17 Uhr. Mal schnell einen Kaffee zwischendurch – das ist bei Kaldi ideal. Zwar gibt es nur wenige Tische und keine große Auswahl an Gerichten, aber Kaldi ist auch kein Café, sondern eher ein Kaffee- und Teeladen. Angeboten werden Espresso, Caffè Latte, Cappuccino etc. und dazu herrlicher *vlaai*. Der Limburger Fruchtkuchen wird von einer Bäckerei gebacken, in der Menschen mit Handicap arbeiten. Was bei Kaldi deutlich wird: Hier wird Kaffee ausgeschenkt, der mit viel Sachverstand und Sorgfalt zubereitet wird.

befindet sich an der Maas im Stadtteil Céramique. Highlight ist zweifellos die sonnige Terrasse, die bei schönem Wetter zu den begehrtesten Plätzen in ganz Maastricht gehört. Hier kann man prima bei einer Tasse Kaffee oder einem Glas Wein, bei Tapas oder Pasta sitzen und das Maastrichter *dolce vita* genießen.

58 [F5] Coffeelovers Plein 1992, Ruiterij 2, www.coffeelovers.nl/locaties/ espressobar-plein1992, geöffnet: Mo.– Fr. 8–18, Sa./So. 9–19 Uhr, WLAN. Die Maastrichter lieben den Kaffee der Marke Coffeelovers, der von Blanche Dael (s. S. 90) geröstet wird und u. a. in der Buchhandlung Dominicanen ❹, in der Maastrichter Universität und im Café Coffeelovers am Plein 1992 im Viertel Céramique ausgeschenkt wird. Dazu isst man Kuchen, Croissants und belegte Brote.

59 [D4] Darq, Maastrichter Smedenstraat 2, Tel. 7855558, www.darqmaas tricht.com, geöffnet: Di.–Sa. 9–18.30 (Do. bis 21), So. 12–17.30 Uhr. Bei Darq gibt es Illy-Café und dazu noch eine

61 [C3] Taart, Helmstraat 2A, Tel. 7370054, www.taartzaak.nl, geöffnet: tägl. 8.30–18 Uhr, WLAN. Definitiv nichts für die schlanke Linie: *taart* heißt Kuchen – und den gibt es bei Taart in vielfacher Ausführung, frisch gebacken vor Ort, zudem Cupcakes, Quiches, Flammkuchen usw. Man schaut zum Frühstück oder High Tea vorbei und kuschelt sich auf eines der großen Oma-Sofas.

⌃ Das passende Ambiente für herrliche Torten: Taart

Maastricht am Abend

Maastricht ist eine Studentenstadt und dadurch ist auch am Abend in den Kneipen immer etwas los. Einige der jungen Leute sind in der Platielstraat [C/D4] unterwegs, die vom Vrijthof abzweigt, andere verabreden sich im Szeneviertel Wyck oder im neuen Sphinxkwartier. Man trifft sich am Abend in einem sogenannten café, dem niederländischen Wort für Kneipe. Viele davon sind auch tagsüber geöffnet und servieren dann Hausmannskost.

Kneipen und Bars

☉62 [C4] **Basilica** €, Vrijthof 15a, Tel. 3213936, www.basilicamaastricht.nl, geöffnet: tägl. 10–2, Fr., Sa. 10–3 Uhr. So wie in vielen Kneipen in Maastricht kann man auch in der Basilica tagsüber etwas essen und trinken (Terrasse am Vrijthof!). Jeden Freitag- und Samstagabend wird dann um 22 Uhr das Licht gedämpft und die Musik aufgedreht. DJs legen Salsa, Soul, Hip-Hop und House auf und es darf gefeiert werden.

☉63 [G4] **Café Brutal** €, Alexander Battalaan 47A, Maastricht. Nicht brutal, sondern eher gemütlich und entspannt geht es in dem kleinen Szenecafé in Wyck

EXTRAINFO

Smoker's Guide

In den Niederlanden ist das **Rauchen in Restaurants und Cafés verboten** und inzwischen halten sich die Kneipenbesitzer auch daran. Doch man hat sich auf die Raucher eingestellt: Fast jedes Restaurant und jede Kneipe verfügt über Plätze im Freien, in den kälteren Monaten mit Heizstrahlern erwärmt, wo man in aller Ruhe seine Zigarette rauchen kann.

Nähe Bahnhof zu. Vor allem im Sommer, wenn man unter den Bäumen vor dem Café sitzen kann, ist dies ein schöner Treffpunkt für ein kühles Bier oder einen Wein.

☉64 [D4] **Café In de Karkol** €, Stokstraat 5, Tel. 3217035, www.indekarkol.nl, geöffnet: Mo.–Mi. 12–24, Do.–So. 12–2 Uhr. Karkol ist die Weinbergschnecke und so klein wie ihr Schneckenhaus ist auch diese, nur 37 m² große Kneipe. Das tut der Stimmung keinen Abbruch, im Gegenteil, schon am späten Nachmittag kann hier eine karnevalsmäßige Party mit lautem Gesang herrschen. Ausgeschenkt werden das regionale Brand-Bier vom Fass, aber auch Weine. Vielleicht liegt es daran, dass die Frauen in der Stokstraat shoppen und sich die Männer beim Biertrinken die Zeit vertreiben – das Karkol wurde des Öfteren zur beliebtesten Kneipe des Jahres gekrönt.

☉65 [C4] **De Twee Heeren** €, Platielstraat 17–19, Tel. 3262288, www.detweehee ren.nl, geöffnet: tägl. 11–2, Fr., Sa. bis 3 Uhr. Kerzenlicht, lange Theke, große Bier- und Weinauswahl, Essen zu einem bezahlbaren Preis und ab und zu DJ-Musik machen „die zwei Herren" zu einer beliebten Kneipe, zentral gelegen unweit des Vrijthofs.

☉66 [D5] **D'n Hiemel** €, Bernardusstraat 24, Tel. 3252266, www.hiemel.com, geöffnet: je nach Veranstaltung. In einem Gebäude aus dem Jahr 1777, in unmittelbarer Nähe der Stadtmauer, befindet sich der Himmel aller Ausgehfreudigen. Hier finden regelmäßig Salsa-, Hip-Hop-, Reggae-, Disco- und brasilianische Abende statt. Dann legen DJs auf und die Party geht ab. Das Publikum besteht größtenteils aus Studenten.

☉67 [D4] **Take Five** €, Bredestraat 14, Tel. 043.321.0971, http://theneigh bourhood.nl/take-five-bar/, geöffnet: Mo.–Do. 9–2, Fr. 9–3, Sa. 10–3, So. 19–2 Uhr. Die drei umtriebigen Brüder,

043:ma-ug

denen auch die Geschäfte Traders Pop, Kinsjasa und Muchacha gehören, haben ihre „eigene" Bar: das Take 5. Mittags kann man hier Sandwiches bekommen und am Abend sitzen an der Theke die Studenten des Konservatoriums, der Jan van Eyck Academie und der Uni. Aber auch ältere Maastrichter schauen gern vorbei, denn die Atmosphäre ist klasse: gemütlich, dunkel, lässig und trendy. Die Getränke sind bezahlbar und es gibt eine große Auswahl an Drinks und Cocktails.

Klubs und Discos

❶68 [C4] **Café Cliniq** €, Platielstraat 9a, Tel. 3500499, www.cafecliniq.com, geöffnet: Di.–Do. 17–2, Fr. 17–3, Sa. 12–3, So. 12–2 Uhr. Tagsüber Restaurant, nachts Klub, tagsüber Satéspieße zum Essen, nachts reichlich Bier zum Trinken. An den Wochenenden legen DJs auf oder es werden Themenpartys veranstaltet. Mindestalter 18 Jahre, am Freitag und Samstag 20 Jahre.

❶69 [D5] **Café Forum** €, Sint Pieterstraat 4, www.cafeforum.eu, geöffnet: So.–Do. 10–2, Fr., Sa. 10–3 Uhr. Zum Mittag- oder Abendessen, auf einen *borrel* (Umtrunk) oder zum Ausgehen – hier ist man den ganzen Tag über gut aufgeho-

ben. Am Freitag und Samstag sorgen DJs für Stimmung, außerdem treten regelmäßig Livebands auf. Am Montag finden Jazz Sessions statt.

❶70 [E3] **Complex** €, Griend 6–7, http://complexmaastricht.nl, geöffnet: je nach Veranstaltung (Live-Auftritte, Dance-Abende mit DJs) zwischen 22 und 5 Uhr.

❶71 [C3] **FM Kaffee** €, Markt 24, www.fmkaffee.nl, geöffnet: Mi. 22–5, Do. 23–5, Fr. 22–6, Sa. 23–6 Uhr. Wenn alle anderen Kneipen schließen, dann geht man ins FM Kaffee. Gespielt werden Hits der 1970er- bis 2000er-Jahre, aber auch die aktuellen Charts. Vor allem während des Maastrichter Karnevals geht es hier hoch her.

Kino

Da in den Niederlanden die **Kino- und Fernsehfilme nicht synchronisiert,** sondern nur untertitelt sind, ist es gar keine so abwegige Idee, sich während eines Aufenthaltes in Maastricht einen englisch- oder deutschsprachigen Film im Kino anzusehen.

Cool und entspannt zugleich: Take Five (s. S. 83)

🎬72 [F3] **Euroscoop**, Wilhelminasingel 39, Tel. 8200320, www.euroscoop.nl. Sechs Säle, internationale Filme, frisches Popcorn und Studententarife zwischen 5 und 7 € machen das Euroscoop zum beliebten Treffpunkt für Jung und Alt (jeden ersten Montag im Monat werden 50-Plus-Vorstellungen angeboten).

🎬73 [D1] **Lumière Cinema**, Bassin 88, Tel. 3214080, http://letsgolumiere.nl. Anspruchsvolle Filme, aber auch gutes Essen und Events wie Premierenfeiern und Festivals verspricht das Lumière Cinema, das 2016 in der ehemaligen Elektrizitätszentrale der alten Sphinx-Fabrik seine Tore öffnete. Direkt am Binnenhafen werden hier Filmklassiker, Arthouse-Filme und Dokumentationen gezeigt; insgesamt 300 Titel und über 5000 Vorstellungen pro Jahr. Sehr schön und einladend ist das neue Restaurant, das hauptsächlich regionale Speisen anbietet und mit einer fantastischen Terrasse am Wasser lockt. Im Sommer wird der Kinosaal nach draußen verlegt und die Filme werden unter freiem Himmel auf die Leinwand projiziert.

🎬74 [C1] **Pathé Maastricht**, Sphinxcour 1, Tel. 0900 1458, www.pathe.nl/bioscoop/maastricht. In den Kinos der Pathé-Kette werden die großen, internationalen Kassenschlager, aber auch Liveübertragungen kultureller Events wie Opernaufführungen gezeigt. Das Pathé Maastricht befindet sich direkt neben dem monumentalen Eiffel-Gebäude im Sphinxkwartier.

Livemusik

🎵75 **Club Vibes** €, Heerderdwarsstraat 29b, www.clubvibesmaastricht.com, Öffnungszeiten je nach Veranstaltung. Der Club Vibes, in dem sowohl stadtbekannte Musiker als auch Newcomer auftreten, ist etwas außerhalb des Zentrums. Unter dem Motto „Free Vibes"

wird die Bühne jeden Donnerstag für neue Bands freigegeben, die entweder spontan oder nach Voranmeldung auftreten. Außerdem finden in dem Klub Workshops statt und es werden Kurse gegeben.

🎵76 [D1] **Muziekgieterij** €, Boschstraat 7, Tel. 3433337, www.muziekgieterij.nl, geöffnet: bei Veranstaltungen 22–5 Uhr. In dem rund 600 Menschen fassenden Saal treten DJs und Livebands auf und es werden Feste veranstaltet. Ab 2018 kommen ein neuer kleiner und ein 1100 Menschen fassender, großer Saal sowie Proberäume und ein Aufnahmestudio hinzu. Tickets sind online günstiger.

Theater und Konzerte

🎭77 [B3] **Cellebroederskapelle**, Cellebroederstraat, http://cellebroederskapel.nl (auch auf Deutsch). In der schönen gotischen Kapelle (mit einer denkmalgeschützten Binvignatorgel aus dem Jahr 1794) eines früheren Klosterkomplexes werden jeden dritten Sonntagnachmittag eines Monats Kammerkonzerte gegeben. Der Veranstaltungskalender ist auf der Website zu finden.

🎭78 [E5] **Pesthuyspodium**, Vijfkoppen 1, www.pesthuyspodium.nl. Das Pesthuyspodium ist ein kleines Theater, das sich im früheren „Pesthaus" im Jekerkwartier niedergelassen hat. Hier werden nicht nur Theaterstücke aufgeführt, sondern auch Filme gezeigt oder Tanzveranstaltungen, z. B. im Rahmen der Nederlandse Dansdagen, abgehalten.

🎭79 [C3] **Theater aan het Vrijthof**, Vrijthof 47, www.theateraanhetvrijthof.nl. Das schöne Theater, am Vrijthof gelegen, gehört zu den größeren Theatergebäuden in den Niederlanden. Hier werden jährlich rund 400 Theatervorstellungen gezeigt, deren Palette von Cabaret bis Oper reicht. Auch im Rahmen von Festivals wie Musica Sacra Maastricht und

De Nederlandse Dansdagen gehört das Theater aan het Vrijthof zu den Veranstaltungsorten. Es werden auch Konzerte der Philharmonie Zuidnederland, Tanzvorstellungen, Shows und Musicals aufgeführt. Man muss also nicht zwangsläufig Niederländisch verstehen, um einen Abend im Theater aan het Vrijthof zu verbringen. Zum Theater gehört die Dependance AINSI (Lage Kanaaldijk 112–113), was für Art-Industry-Nature-Society-Innovation steht. In dem früheren Packhaus zu Füßen des Sint Pietersberg ㉙ widmet man sich dem Tanz und der Musik (Oper, Jazz, Klassik und Pop).

❯ **Toneelgroep Maastricht,** Tel. 3503050, www.toneelgroepmaastricht.nl. Die Toneelgroep (Theatergruppe) zeigt ihre Aufführungen (auf Niederländisch) in der Bordenhal ㉔, ab und zu finden dort auch Konzerte statt.

044ma-ug

△ *Außen historisch, innen modern:*
Theater aan het Vrijthof (s. S. 85)

Maastricht für Kauflustige

Maastricht ist die Traumstadt aller Shoppingfans, zumindest solcher, die individuelle Boutiquen und ausgefallene Shops den großen Standard-Einkaufsketten vorziehen. Natürlich gibt es auch in Maastricht die beliebten niederländischen Geschäfte wie Hema, Etos und das Kaufhaus Bijenkorf sowie internationale Ladenketten wie Zara und H&M. Doch den Charme von Maastricht als Shoppingstadt machen zweifelsohne die kleinen Läden mit exklusiver oder verrückter Mode, mit Vintagemöbeln oder kreativem Kleinkram aus.

Maastricht ist auch für seine äußerst luxuriösen Modeboutiquen bekannt, die man vor allem in der und rund um die **Stokstraat** ⓬ findet, in der es die teuersten Geschäfte der Niederlande geben soll. Fans exklusiver Designermarken wie Dolce & Gabana, Prada und Valentino werden beispielsweise bei **Kiki Niesten** (s. S. 93) glücklich. Ein Kleid für über 1000 €? Hier gibt es mehrere davon! Die verrücktesten (und teuersten) Schuhe dagegen sind in dem raumschiffartigen Shop **Shoebaloo** (s. S. 93) in einem ganz besonderen Ambiente ausgestellt (schon das Reinschauen lohnt sich!). Da kann man auch gern mal an die 2000 € für Stiefel von Balmain hinblättern. Für den etwas schmaleren Geldbeutel gibt es Purdey Mode und Petit Bateau.

Das Konto ist leergefegt, jetzt bleibt nur noch etwas Kleingeld für nützliche Kleinigkeiten übrig? Die Holländer lieben **Hema** (s. S. 89). Dort gibt es vom Schreibheft über den Putzlappen bis zu Unterhosen und Fahrradzubehör einfach alles, sehr günstig und in einem jungen, frischen Design. Die Maastrichter Hema-Filiale befindet sich in der **Grote Staat** [C4–D3], das ist die Straße, die von der Sint Servaasbrug ❶ kommend rechter Hand weiter zum Vrijthof führt. In dieser Einkaufsstraße kann man auch Badekugeln von Lush, günstige Shampoos in der Drogerie Kruidvat, Jeans von G-Star, Shirts vom We-Store und Parfum bei Douglas erstehen. Wie auch die Stokstraat, so ist die Grote Staat eine kleine Fußgängerzone, nur dass sich hier die mittel- und niedrigpreisigen Geschäfte angesiedelt haben. Zwischen Grote Staat und Achter Het Vleeshuis befindet sich das schicke Kaufhaus **Bijenkorf** (s. S. 89) mit international bekannten Marken.

Linker Hand vom Bijenkorf zweigt die Straße Achter het Vleeshuis ab, von der die **Heggenstraat** [D4] und die **Minckelerstraat** [D4] abzweigen. Beide Straßen punkten durch kleine, individuelle Geschäfte, wobei in der Minckelerstraat eher die Design- und Wohnaccessoires-Läden beheimatet sind und in der Heggenstraat Street Fashion, Vintage und Retro Chick. **Traders Pop** (s. S. 94) versteht sich beispielsweise als Alternative zur Mainstream-Mode und verkauft einen Mix aus „street culture and high culture". Mit diesem Modewissen geht es weiter in die etwas bodenständigeren Gefilde der Maastrichter Shoppingwelt, in das **Jekerkwartier** (s. S. 34), wo kleine individuelle Läden auf einen warten, die sich teilweise auf Handwerkskunst, Design und hausgemachte Lebensmittel (Bisschopsmolen ⓭, Adriaan de Smaakmaker, s. S. 89) spezialisiert haben. Man findet sie hauptsächlich in der **Sint Pieterstraat** [D5].

Auf der anderen Seite der Maas liegt das Viertel **Wyck**. Hier finden Kauflus-

tige Delikatessen, Geschenkideen und Kleidung, gern auch mal in Übergrößen – bei De Joffers in der Rechtstraat 74 [E4] gibt es Mode ab Größe 42 in wunderschönen Farben und Schnitten. In Wyck geht man zum Shoppen in die **Wycker Brugstraat** ([E/F4], führt vom Bahnhof in die Stadt), in die **Rechtstraat** [E3/4] und in die **Hoogbrugstraat** [F4]. In den kleinen, hübschen Sandsteinbauten der Rechtstraat finden sich fast nur individuelle Geschäfte, Boutiquen, Cafés und Restaurants in Wohnzimmergröße sowie neue Gastrokonzepte wie **Sjiek Kookpunt** (s. S. 81) und der neue **Wyck Bazaar** (s. S. 88).

Ebenfalls einen Besuch wert sind die – auch architektonisch – interessanten Einkaufszentren **Entre Deux** (s. S. 88) und **Mosae Forum** (s. S. 89).

Märkte

🏛 80 [F3] **Antiquitäten- und Flohmarkt,** Stationsstraat, samstags von 10–16 Uhr

🏛 81 [G3] **Biomarkt,** Stationsstraat auf dem Platz't Percée (wo der kleine Kiosk steht). Donnerstags werden hier von 14 bis 18.30 Uhr biologische Brote, Gemüse und Fleischwaren angeboten.

❯ **Wochenmarkt,** Markt ❸ , Mi., Fr. 9–15 Uhr. Der Wochenmarkt von Maastricht findet auf dem gleichnamigen Platz, dem Markt, statt. Am Mittwoch werden hauptsächlich Obst, Gemüse, Blumen und Lebensmittel verkauft, am Freitag kommen der Fischmarkt und der Stoffmarkt hinzu. Der Freitagsmarkt wurde im Jahr

2014 zum besten Markt der Niederlande ernannt.

🔒 **82** [F4] **Wyck Bazaar,** Wycker Gracht-straat 32A/Rechtsstraat, www.wyck bazaar.nl. Im Laufe des Jahres 2017 ist die Eröffnung des Wyck Bazaar geplant, eine Passage zwischen Rechtstraat und Wycker Grachtstraat. Dort, wo sich früher ein Kohlenhandel und eine Autorepara-turwerkstatt befanden, entsteht ein kuli-narischer Treffpunkt mit Delikatessen-geschäften und Restaurants. Die Neu-bauten sind komplett aus historischen Materialien errichtet. Dazu ließ Pro-jektentwickler Michael Maes aus alten Gebäuden, die zum Abriss freigegeben waren, Backsteine, Fußböden, Balken, Metallkonstruktionen und Steinsäulen ausbauen und verwendete sie im neuen Wyck Bazaar wieder; ganz nach dem „Cradle to cradle"-Prinzip.

Shoppingareale und Einkaufszentren

🔒 **83** [C3] **Entre Deux,** Dominicanerplein, www.entredeux.nl/de, geöffnet: Mo. 12–18, Di.–Sa. 10–18 (Do. bis 21), So. 12–18 Uhr. Entre Deux bedeutet „zwi-schen zweien" und das passt insofern, dass die überdachte, stilvolle Einkaufs-passage zwischen den Plätzen Markt und Vrijthof liegt. Auf einer Fläche von 12.000 m² und auf drei Stockwerken fin-det man vor allem Modegeschäfte. Eines der Highlights, vor allem für die jüngere Generation, dürfte der nur sehr sparta-nisch beleuchtete und parfümgetränkte Hollister-Store sein, in dem muskelbe-packte Surfertypen und attraktive Girls Massen an Hoodies, Shirts und Jeans verkaufen. Die amerikanische College-mode lässt grüßen. Weiter geht es mit über 30 Läden wie Vero Moda, Ame-rica Today, Mango, Jack & Jones, Zara, Crocs und New Yorker. Für Kinder gibt es Schuhe bei Ziengs und Siebel ver-kauft Schmuck. Lustige Geschenke und größtenteils vollkommen überflüssige Gadgets hat Cadeaux im Programm. Wie wäre es also mit einer Lavalampe oder einem schrillen Poster als Geburts-tagsgeschenk? Dort, wo seit 2005 die schöne, von dem Maastrichter Architekt Arno Meijs entworfene und mehrfach preisgekrönte Einkaufspassage ansäs-sig ist, stand früher einmal ein Dominika-nerkloster. Überrest des früheren Klos-terkomplexes ist die Dominkanerkirche, die man über einen der Ausgänge vom Entre Deux erreicht und in der heute die weltberühmte Buchhandlung Dominica-nen ❹ untergebracht ist. 2008 wurde dem Entre Deux der Titel „Bestes Ein-

kaufszentrum Europas" verliehen. Tipp:
Am letzten Samstag des Monats (außer
im Dezember) findet im Entre Deux eine
Modenschau statt, bei dem hippe Trends
gezeigt werden (13–15 Uhr).

🔒**84** [D3] **Mosae Forum,** Mosae Forum
163, geöffnet: Mo. 13–18, Di.–Sa.
9.30–18, Do. bis 21, So. 12–17 Uhr.
Zwischen Marktplatz und Maas lädt das
Mosae Forum (Lateinisch für „Marktplatz
der Maas") auf einer Fläche von 18.500
m² zum Shoppen ein. Von Lebensmit-
telgeschäften (im Kellergeschoss, u. a.
ein riesengroßer asiatischer Supermarkt)
über Mode bis zu Geschenkartikeln gibt
es hier viel Auswahl. Das Mosae Forum
besteht aus mehreren Gebäuden (Süd-
und Nordgebäude), besonders sehenswert ist das Atrium mit den „paraplu's",
der Holzschirm-Dachkonstruktion, die
sich über einen älteren und einen neu-
eren Gebäudeabschnitt erstreckt. Unter
dem Mosae Forum befindet sich eine
mehrstöckige Tiefgarage. Über den
Geschäften hat ein Teil der Stadtverwal-
tung Räume angemietet, in denen es
„flexible Arbeitsplätze" gibt: Niemand hat
einen eigenen Bürotisch oder einen fes-
ten Telefonanschluss. Außerdem befinden sich im Mosae Forum ein Rathaus-
saal und (Luxus-)Wohnungen.

Kaufhäuser

🔒**85** [D4] **Bijenkorf,** Achter het Vleeshuis
26, www.debijenkorf.nl, geöffnet: Mo.
11–18.30 Uhr, Di.–Fr. 10–18.30, Do.
bis 21.30, Sa. 9.30–18, So. 12–18 Uhr.
In dem schicken Kaufhaus gibt es alles,

△ *Verführungen in Form von
Marmeladen und Mayonnaisen
bei Adriaan de Smaakmaker*

◁ *Im Mosae Forum
shoppt man unter „Schirmen"*

was das Herz begehrt: Kosmetik, Wohn-
accessoires, Geschenkartikel, Bad- und
Küchenutensilien und Mode der großen
Designer wie Kenzo, Marc Jacobs, Boss
und Burberry.

🔒**86** [D3] **Hema,** Grote Staat 10, www.
hema.nl, geöffnet: Mo.–Sa. 9–18, Do.
bis 21, So. 12–18 Uhr. Die Niederländer lieben Hema. Kein Wunder, denn
dort gibt es gute Qualität und modernes Design zum kleinen Preis. Von der
berühmten Hema-Rauchwurst über Bio-
Babystrampler und Schreibwaren bis zu
Geschenken, Kleidung und Kosmetik.
Man findet keine große Auswahl eines
bestimmten Produkts, doch dafür gibt es
fast alles. Die Hema-Filiale in der Grote
Staat hat auch eine kleine Frischetheke,
an der man sich ein Sandwich und einen
Kaffee für unterwegs holen kann.

Kulinarisches

🔒**87** [D5] **Adriaan de Smaakmaker,** St.
Pieterstraat 36, Tel. 3258865, http://
adriaandesmaakmaker.nl, geöffnet:
Di.–Fr.10–18, Sa.10–17 Uhr. Ein kleiner Laden mit einem großen Namen
und einer langen Tradition. Seit über
25 Jahren werden im Jekerkwartier eine
ganze Reihe süßer und herzhafter Köstlichkeiten hergestellt, in Gläser gefüllt
und verkauft: diverse Sorten an Senf,
Marmelade, Chutney, Gelee, Dressing,

Mayonnaise und Essig. Viele Maastrichter Restaurants und Hotels decken sich bei Adriaan ein, aber auch viele Niederländer und Touristen kommen extra in die St. Pieterstraat, um in dem Laden einzukaufen. Die „Geschmackskünstler" James und Angeliek Lumsden (Adriaan hieß der erste Besitzer) legen Wert auf regionale Zutaten, die möglichst aus biologischem Anbau sind. Alles wird selbstgemacht und das kann man sehen – und auch riechen: Im hinteren Bereich des Ladens steht meist ein großer Topf auf dem Herd, in dem die Marmelade vor sich hin köchelt.

🔒**88** [A3] **Bakkerij Mathieu Hermans,** Zakstraat 9, Tel. 3213117, www.bakkerijhermans.nl, geöffnet: Di.–Mi., Sa. 8–16, Do., Fr. 8–17, So. 9–12.30 Uhr. Den Titel, den besten *vlaai* der Niederlande zu backen, heimst immer wieder die Bakkerij (Bäckerei) Mathieu Hermans ein. Selbst König Willem-Alexander und Königin Máxima sollen Fans von Hermans' Backwaren sein. Seit 1936 werden in der Bäckerei in Maastricht nach alten Familienrezepten die typisch Maastrichter Kuchen gebacken. Es gibt sie gefüllt mit Reis, Kirschen, Aprikosen, Äpfeln, Erdbeeren etc. und man kann sie als kleine oder große Version mit nach Hause nehmen (ab 7,45 € für einen kleinen *vlaai*).

🔴**13** [D5] **Bisschopsmolen (Bischofsmühle).** Schon beim Blick durch das Fenster läuft einem das Wasser im Mund zusammen. Die *vlaais* stapeln sich im Schaufenster übereinander, der Zucker auf dem Kuchen glänzt, das Backwerk sieht leicht braun und knackig aus. Man möchte sofort zubeißen … und das geht auch, denn neben der Bäckerei befindet sich das Bisschopsmolen-Café. Mitnehmen sollte man sich so ein Prachtexemplar aus der Bäckerei auf jeden Fall auch, denn der *vlaai* ist die Maastrichter Spezialität schlechthin. Der Kuchen wird aus Hefeteig und – zumindest in der Bischofsmühle – aus 100 % Dinkelmehl hergestellt. Es gibt hier *vlaai* u. a. mit folgenden Füllungen: Kirsche, Pflaume, Stachelbeere, Apfel-Nuss, Apfel-Aprikose und Aprikose. Die Früchte sind entweder frisch oder waren tiefgefroren, ein Kompott wird nicht verwendet. Zudem stammt das Obst – sofern möglich – ebenso wie der Dinkel aus der Umgebung von Maastricht. Neben *vlaai* gibt es in der Bischofsmühlen-Bäckerei Dinkel-, Sauerteig- und Vollkornbrot, leckere Brötchen, Kirsch-Reis-Schokoladen-Bällchen (herrlich!), Croissants und viele weitere Backwaren.

🔒**89** [D4] **Blanche Dael,** Wolfstraat 28, geöffnet: Mo. 13–18, Di.–Fr. 9.30–18, Do. bis 21, Sa. 9.30–17.30, So. 12–17 Uhr. Seit über 135 Jahren hat sich Blanche Dael dem Kaffee verschrieben. Aus allen Ländern der Erde wird der beste Kaffee eingeführt und vor Ort in Maastricht im sog. Atelier, in einem Nebenraum des Ladens, geröstet. Lust, einen Blick ins Atelier zu werfen? Das ist möglich! Der Eigentümer und Kaffeeröster Marcel lässt sich gern über die Schulter schauen. Auf jeden Fall sollte man auch einen frischgemahlenen Kaffee für zu Hause mitnehmen. Ob es dann der wertvolle Jamaica Blue oder der exklusive Kopi Luwak ist (der berühmte „Katzenkaffee", der aus den Exkrementen einer bestimmten Katzenart gewonnen wird), das sei jedem selbst überlassen. Neben Kaffee und Tee gibt es im Geschäft des Familienbetriebs auch selbstgebrannte Erdnüsse, Kaffeekekse, Nougat und Kaffeesirup. Auf den Kaffeegeschmack gekommen? Blanche Dael schenkt seinen über die Landesgrenzen hinaus bekannten Kaffee unter dem Namen Coffeelovers auch in Cafés aus, z. B. im Kirchen-Buchladen Dominicanen 🔴**4** und am Plein 1992 (s. S. 82). Wer Kaffee von Blanche Dael trinkt, der tut zugleich Gutes: Das Unternehmen gründete die Escuela Blanche Dael (Las Nubes), eine Grundschule in Guatemala mit 600 Schülern. Cafés und Restaurants in Maastricht und Umgebung tragen einen Beitrag zur Unterstützung der Escuela Blanche Dael bei, indem sie 25 Cent pro Kilo Kaffee mehr bezahlen.

90 [D5] **Hoppy Brothers,** Sint Pieterstraat 18, Tel. 06 54938559, www.thehoppy brothers.com, geöffnet: Di. 11.30–17, Mi.–Fr. 11.30–18.30, Sa. 11–18, So. 13–17 Uhr. Immer auf der Suche nach den besten internationalen Bieren – das ist das Motto der Hoppy Brothers. Und so findet man in ihrem Laden viele Spezialbiere, oft auch aus regionalen und kleinen Brauereien (auch aus Maastricht). Verkauft werden allerlei Biersorten wie Amber, Blond, Saisonbiere, Bock, Stout, darunter viele belgische Biere und auch Cider. Einige der Biere stammen vom Fass und werden im Laden in 1-Liter-Flaschen abgefüllt.

91 [F4] **Le Salonard,** Rechtstraat 84, www.lesalonard.nl, geöffnet: Di.– Sa. 9–18 Uhr. Normalerweise essen die Niederländer recht weiches, fast geschmackloses Brot. Eine wunderbare Alternative dazu bieten die knusprigen, hausgemachten Sauerteigbrote aus biologischen Zutaten von Le Salonard. In dem kleinen Geschäft in der Wycker Rechtstraat stapeln sich die köstlich duftenden Brote im Schaufenster. Zudem gibt es Tartelettes, Brownies, Kekse, Quiches und selbstgemachte Marmeladen. Alle Zutaten stammen aus der Region.

92 [D5] **Teazone,** Koestraat 9, www.tea zone.nl, geöffnet: Di.–Sa. 11–18, So. 12–18 Uhr. Grüner Tee oder Rooibos rouge – über 140 Teesorten aus aller Welt und in allen Preisklassen kann man bei Teazone erstehen. Außerdem werden die französischen Teemarken Theodor und Kusmi verkauft. Viele Sorten werden im Geschäft im Jekerkwartier ausgeschenkt und das in einem gemütlichen Ambiente mit kuscheligen Sofas und Sesseln. Ein besonderer Genuss ist der High Tea, bei dem zum Tee auch Backwaren gereicht werden. Dafür muss im Voraus unter Tel. 3113246 reserviert werden.

93 [F4] **'t Rommedoeke,** Wycker Brugstraat 43, Tel. 3217728, www.romme doeke.nl, geöffnet: Mo. 12–18, Di., Mi. 10–18 Uhr, Do., Fr. 9–18, Sa. 9–17 Uhr. Der Name lässt es vermuten: In dem kleinen Wycker Käseladen gibt es auch den berühmten Limburger „Stinkekäse" Rommedoe. Aber auch alle anderen niederländischen und internationalen Käsesorten sind hier gut vertreten: vom englischen Cheddar über italienischen Parmesan bis zum holländischen Gouda. Dazu gibt es natürlich auch die passende Flasche Wein.

▷ *Tee in Hülle und Fülle gibt es bei Teazone*

94 [C3] **Weinhandel Thiessen,** Grote Gracht 18, Tel. 3251355, www.thiessen.nl, geöffnet: Mo. 13–18, Di.–Sa. 11–18, So. 13–17 Uhr. Die älteste Weinhandlung der Stadt, die im Jahr 2015 als beste der Niederlande ausgezeichnet wurde, befindet sich in einem historischen Haus im Herzen von Maastricht. Auf den ersten Blick sieht man einen schicken Verkaufsraum mit hohen Regalen, in denen hervorragende Weine liegen, u. a. auch die des Maastrichter Weinguts Apostelhoeve. Doch zu Thiessen gehört noch viel mehr: Durch eine Kellerluke führt eine Treppe hinab in das riesige Kellergewölbe, das teilweise aus dem 14. Jh. stammt und zu den Maastrichter Festungsanlagen gehörte. Hier stapeln sich Tausende von Flaschen (mit denen auch die Maastrichter Gastronomie beliefert wird), unter ihnen wertvolle Tropfen aus der Bordeaux-Region. Insgesamt hat Thiessen 350 verschiedene Sorten Wein u. a. aus Frankreich, den Niederlanden, Deutschland und Spanien im Sortiment, in der Preisklasse zwischen 6 und 100 €. Lohnenswert sind auch die Weinproben am Wochenende. Zum Weinladen gehört ein Webshop.

Schmuck und Design

95 [D4] **Conflict,** Minckelersstraat 14, Tel. 3211186, www.conflictdesign.nl, geöffnet: Di.–Fr. 10–18, Sa. 10–17, So. 13–17 Uhr. Die typisch holländischen Sturmregenschirme von Senz, Uhren von Leff Amsterdam, die praktischen Kreditkartenaufbewahrer von Secrid und die witzige Kinderbettwäsche von Snurk – diese und viele andere niederländische Designklassiker gibt es bei Conflict.

96 [D5] **Merle Anderson,** Sint Pieterstraat 38, merleanderson.nl, geöffnet: Di., Do., Fr. 11–18, Sa. 11–17 Uhr. Merle Anderson präsentiert ihre Schmuckstücke in kreativ gestalteten „Guckkästen". Über diese Kästen, die sie schon seit ihrer Kindheit anfertigt, sagt sie, sie würden ihr die Möglichkeit geben, Erfahrungen, Emotionen und ihre Sicht der Dinge darzustellen. Ihre Schmuckstücke sind gefertigt aus Silber, Gold oder Emaille, teilweise in Kombination mit Korallen, Perlen und Edelsteinen.

⌄ *Feine Weine und ein imposantes Kellergewölbe findet man bei Thiessen*

048ma-ug

Mode und Schuhe

🛍**97** [D5] **Atelier Pauline**, Cortenstraat 1a, Tel. 06 15621405, www.atelierpauline. com/de, geöffnet: Mi.–Sa. 11–17 Uhr, Nov., Dez. und Jan. auch So. 12–17 Uhr, Termine nach Vereinbarung sind ebenfalls möglich. Pauline Bisscheroux ist Modistin. Nur noch wenigen ist diese Bezeichnung für eine Frau, die professionell Hüte fertigt, geläufig. In ihrem Atelier im Jekerkwartier entwirft Pauline individuelle Designs für Hochzeiten oder Empfänge, verkauft aber auch hochwertige Herren- und Damenhüte renommierter Marken. Zudem kann man sich zu einem High Tea in ihrem Atelier anmelden.

🛍**98** [C4] **Fred de la Bretoniere**, Bredestraat 24, Tel. 3210799, www.freddela bretoniere.com, geöffnet: Mo. 13–18, Di.–Fr. 10–18 (Do. bis 21), Sa. 10–17, So. 12–17 Uhr. Fred de la Bretoniere ist in den Niederlanden für bequeme und stylishe Schuhe und Taschen bekannt. Er hat inzwischen in vielen Städten im In- und Ausland Geschäfte eröffnet und verkauft dort Sandalen, Stiefel, Taschen etc. unter den Markennamen Fred de la Bretoniere und Shabbies Amsterdam.

🛍**99** [D4] **Kiki Niesten**, Stokstraat 28–32, www.kikiniesten.nl, geöffnet: Di.–Fr. 10–18, Sa.10–17, So. 12–17 Uhr. Kiki Niesten ist seit 35 Jahren in Maastricht ein Begriff, denn in ihrem Laden gibt es vieles, was man gerne hätte, sich aber meist nicht leisten kann: Kleider von Prada, Hosen von Donna Karan, Jacken von Valentino, Schuhe von Tod's. Tipp: Bei Kiki's Stocksale bekommt man die Kollektion vom Vorjahr zu einem günstigeren Preis (Stokstraat 33)

🛍**100** [D4] **Kinsjasa**, Sint Amorsplein 15, Tel. 3216155, http://theneighbour hood.nl/kinsjasa-shoes, geöffnet: Mo. 13–18, Di.–Fr. 10–18, Sa. 10–17, So. 14–17 Uhr. Aufgrund seines Namens ist der Amorsplein in den Augen vieler Frauen sicherlich die perfekte Adresse für einen Schuhladen – und vor allem einen solchen Shop wie Kinsjasa. Hier gibt es keine überfüllten Schuhregale, sondern wenige klassische Modelle mit einem teilweise hippen Touch.

🛍**101** [D4] **Muchachas**, Heggenstraat 16, Tel. 3210830, http://theneighbour hood.nl, geöffnet: Mo. 13–18, Di.–Fr. 10–18, Sa. 10–18, So. 14–17 Uhr. In dem kleinen Laden gibt es ausgewählte Kleidung der Marken Humanoid, Isabel Marant und Cacharel. Wer etwas mehr ausgeben möchte, der wird hier mit Sicherheit fündig.

🛍**102** [D4] **Noé**, St. Amorsplein 17, Tel. 7200843, www.noeantwerp.com, geöffnet: Mo. 13–18, Di.–Fr. 10–18 (Do. bis 21), Sa. 10–18, So. 12–17 Uhr. Da hat man sich ein neues Abendkleid gekauft, findet aber keine passenden Schuhe ... Kein Problem, bei Noé gibt es die Lösung: 25 Modelle in 88 Farben (Größe 35–42), dazu passend Handtaschen und Nagellack in genau der gleichen Farbe. Die Schuhe werden in Italien angefertigt und sind 100 % Handarbeit.

🛍**103** [D4] **Shoebaloo**, Stokstraat 25a, http://shoebaloo.nl, geöffnet: Mo. 13–18, Di.–Sa. 10–18 (Do. bis 21), So. 12–17 Uhr. Auch in anderen holländischen Städten sind die Shoebaloo-Shops eine Augenweide, denn sie sind immer ungewöhnlich und sehenswert. Viel Metall, viele Spiegel und ein paar ausgewählte Schuhe, die so präsentiert werden, als wären sie kostbare Museumsstücke. In der Tat kauft man bei Shoebaloo auch keine gewöhnlichen Treter, sondern Designerstücke der Marken Moschino, Prada, Saint Laurent, Miu Miu, Moschino, Versace, Dolce & Gabbana etc. Auch wer kein Vermögen für Schuhe ausgeben möchte, der sollte zumindest einmal einen Blick in den Laden werfen, der an ein Raumschiff erinnert.

Shop 'n' Stop
Kaffee in der Kirche
Der wohl schönste Ort in Maastricht für einen Kaffee zwischendurch ist der Chor der Dominikanerkirche. In der früheren Kirche ist heute die Buchhandlung **Dominicanen** ❹ untergebracht. Wo früher der Pfarrer predigte, steht heute ein großer Tisch in Form eines Kreuzes. An diesem Tisch und an weiteren Sitzgelegenheiten im Chorraum kann man sich zu einem Kaffee mit Kuchen niederlassen und die himmlische Atmosphäre auf sich wirken lassen.

Pasta beim Italiener
Im Maastrichter Viertel Wyck befindet sich der kleine Laden **Sjiek Kookpunt** (s. S. 81) von Frans Schulkens, in dem er seine hausgemachten Marmeladen, Dressings, Mayonnaisen, Kräuterolivenöle und Nudeln verkauft. Wenn man hier zur Mittagszeit vorbeischaut, kann man sich Tagliatelle mit Pilzen und Ossobuco direkt vor Ort schmecken lassen, bevor man sich mit den Köstlichkeiten für zu Hause eindeckt. Am Freitag und Samstag wird zwischen 17 und 22 Uhr auch Abendessen serviert.

Tee in der Teazone
Teegeschäft oder Café? **Teazone** (s. S. 91) ist beides. Man trinkt Tee auf gemütlichen Sofas und sitzt dabei zwischen Teedosen, Teekannen und -tassen, die auch alle zu kaufen sind. Es duftet köstlich nach Karamell und Apfel und unter gläsernen Hauben locken zahlreiche hausgemachte Kuchen und Torten. Hier könnte man den ganzen Nachmittag verbringen!

🔒**104** [D4] **Traders Pop**, Heggenstraat 16, Tel. 3210830, http://theneighbourhood.nl, geöffnet: Mo. 13–18, Di.–Sa. 10–18, So. 13–17 Uhr. Eine bunte Sammlung aus Zeitschriften, gebrauchten DVDs, Vintageklamotten, hochwertigen Rucksäcken, Skatermode, Schmuck etc. Die Idee dahinter? Alles, was den Besitzern von Traders Pop (drei Brüdern) gefällt, wird im Laden verkauft. Oder wie sie es selbst ausdrücken: „We provide a mixture of street culture and high culture for a collage view of modern society".

Spielwaren

🔒**105** [D3] **De winkel van nijntje (Miffy)**, Kesselskade 51, www.dewinkelvan nijntje.nl, geöffnet: Mo. 12–18, Di.–Fr. 10–18 (Do. bis 20), Sa. 10–17, So. 12–17 Uhr. Das kleine Kaninchen des Utrechter Zeichners Dick Bruna ist der unübertroffene Liebling der niederländischen Kinder. Nijntje (heißt in Deutschland „Miffy") gibt es hier in allen Variationen: als Kuscheltier, Bücherheld, Lampe und auf Tassen, Tellern, Kleidern etc.

Supermärkte

🔒**106** [C3] **Albert Heijn**, Helmstraat 4, www.ah.nl, geöffnet: Mo.–Sa. 8–22, So. 12–18 Uhr. Albert Heijn ist für seine hochwertigen Lebensmittel und den guten Service bekannt. Man kann sich hier gut mit den typisch holländischen Köstlichkeiten wie Pfannkuchen, Käse, *pindakaas* (Erdnussbutter), Schokostreusel als Brotbelag *(hagelslag)*, den Pudding *vla* und Grolsch-Bier eindecken. Praktisch sind auch die vielen Fertiggerichte *(kant-en-klaar-maaltijden)* wie Salate, Suppen, frische Pizzen, Käsewürfel etc.

▷ *Entspannen mit Blick auf die Stadtmauer*

Maastricht zum Träumen und Entspannen

Maastricht ist eine relativ grüne Stadt. Zwar hat die Altstadt einen recht geschlossenen, bebauten Kern mit idyllischen Plätzen, doch drum herum befinden sich mehrere Parks, die früher außerhalb der Stadtmauer lagen. Zu ihnen gehören Stadtpark, Jekerpark sowie Lage und Hoge Fronten.

Am Westufer der Maas, im Schatten der Stadtmauer und am Rande des Jekerkwartiers, tummeln sich vor allem Studenten. Und was gibt es Besseres als ein Nickerchen auf der Wiese zwischen zwei Vorlesungen? Der **Stadspark** (**Stadtpark** ⑯) zieht sich von der Hoge Brug ㉕ an der Stadtmauer und dem Stadttor Helpoort ⑮ weiter am Fluss Jeker entlang.

An den Stadspark schließen sich der **Waldeckpark** und der **Jekerpark** an – Auswahl genug, um sich ein Plätzchen im Grünen zu suchen. Wer dabei die Augen aufhält, kann ein paar besondere Baumsorten entdecken: japanischen Nussbaum, Papiermaulbeerbaum, wilde Zitrone und Honigbaum.

Zwischen Bordenhal ㉔ und Bonnefantenmuseum ㉖ – am östlichen Maas-Ufer des modernen Stadtviertels Céramique – liegt der **Charles Eyckpark** – kein großer Park, eher eine Art Grünstreifen am Fluss. Dennoch kann man hier entspannt auf einer Bank sitzen oder sich am Wasserbecken auf der Terrasse des Café Zuid (s. S. 81), der vielleicht sonnigsten von ganz Maastricht, einen Platz suchen.

Keine angelegten Beete, sondern Festungsmauern und Industrieüberreste findet man im **Frontenpark** ㉒, der zum Sphinxkwartier gehört. Er be-

Eine versteckte Perle: der Pandhof im Kruisherenhotel

Es gehört ja doch ein bisschen Überwindung dazu, sich durch eine kupferfarbene „Eingangsschleuse" den Weg durch ein Luxushotel zu bahnen. Vor allem, wenn das Hotel in einer gotischen Kirche untergebracht ist und der Innenraum so beeindruckend, dass man erst einmal staunend stehenbleiben muss. Doch Berührungsängste sollte man nicht haben, denn die Mitarbeiter des **Kruisherenhotel** 9 sind äußerst nett und weisen einem gern den Weg zum **Pandhof**. Und dann ist man dort, in einer Oase der Ruhe. Zwischen gotischen Kirchenmauern liegt der quadratisch angelegte Innenhof, der von den Gebäuden der ehemaligen Klosteranlage aus dem 15. Jahrhundert umgeben ist. Alte Mauern treffen auf modernes Design: Die Stühle und Tische sind in Rot und Weiß gehalten und eine große, mit Wasser gefüllte Säule, in der sich Sprudel bilden, fungiert als moderner Blickfang. Wer zwischen Frühstück und Mittagessen hier erscheint, hat die Chance, diese gotisch-moderne Pracht fast für sich allein zu haben. Es gibt warme und kalte Getränke, kleine Happen und – natürlich – vlaai!

steht aus zwei Teilbereichen: Lage und Hoge Fronten. In den kommenden Jahren werden diese zwei Teilbereiche zusammengeführt, sodass ein einheitlicher Landschaftspark entsteht.

▷ *Die TEFAF ist eine Kunstmesse auf Weltniveau*

Zur richtigen Zeit am richtigen Ort

Vom Flohmarkt über Workshops zum Backen von „vlaai" bis zum klassischen Konzert – in Maastricht wird das ganze Jahr über etwas geboten. Die Veranstaltungstermine für Maastricht findet man unter www.vi sitmaastricht.com/events-calender und für die Region Südlimburg unter http://de.vvvzuidlimburg.nl/veran staltungen.

Frühling

❯ **Museumsnacht Maastricht:** Anfang April öffnen 13 Maastrichter Museen und Galerien auch nachts ihre Pforten (20– 1 Uhr) und laden zu speziellen Events wie Workshops, Performances und Liveauftritten ein (www.museumnachtmaast richt.nl/en).

❯ **Amstel Gold Race:** bedeutendes Straßenradrennen Nahe Maastricht mit Zielpunkt Cauberg in Valkenburg im April (www.amstel.nl).

❯ **Koningsdag (Königstag):** Der Geburtstag von König Willem-Alexander (27. April) wird im ganzen Land gefeiert. In Maastricht treten an diesem Tag diverse Bands im Stadtpark auf (http://kingsdaymaast richt.nl).

❯ **KunstTour:** mehrtägiges Kunstevent Ende Mai mit rund 200 Künstlern, die ihre Werke an über 40 Orten in der Stadt zeigen (www.kunsttour.com).

Sommer

❯ **Bassinario:** Im Juni findet am Binnenhafen Het Bassin das Bassinario statt. Dann ist das Hafenbecken stimmungsvoll beleuchtet, die umliegenden Restaurants bieten besondere Gerichte an und es wird Livemusik gespielt – und das für

TEFAF – Treffpunkt der Kunstkenner

Die TEFAF Maastricht ist - neben der TEFAF in New York - das jährliche Highlight aller Kunstkenner und Sammler. Man fliegt mit dem Privatjet an, speist im Sternerestaurant Château Nercanne und kauft am nächsten Tag Originalkunstwerke zu Preisen in Höhe von Einfamilienhäusern. Das Manager Magazin bezeichnete die TEFAF einmal als das „Kaufhaus der Milliardäre" und brachte das Einkaufserlebnis folgendermaßen auf den Punkt: „Ein echter Van Gogh fürs Wohnzimmer gefällig? Bitte, macht zehn Millionen Euro, schönen Tag noch!" Die TEFAF ist also nichts für den kleinen Geldbeutel. Ein Schachspiel aus Bernstein kostet siebenstellige Beträge, ein Aquarell von Turner ebenfalls über eine Million Euro und ein Gerhard Richter schlägt mit bis zu 4,15 Millionen zu Buche.

Immerhin: Hier werden die Bilder gehandelt, die sich die großen Museen in ihre Säle und die Superreichen in ihre Wohnzimmer hängen. Wo auf der Welt bekommt man sonst noch einen echten Van Gogh und einen Anthonis van Dyck aus dem Jahre 1618? Das Den Haager Mauritshuis beispielsweise kaufte 2016 auf der TEFAF ein Blumenstillleben von Roelant Savery für 6,5 Millionen. Heute ist das Gemälde - für alle zugänglich - im Den Haager Museum am Hofvijver zu sehen. Dass diese seltenen Werke auch echt sind, dafür stehen die weltweit angesehensten Antiquitäten- und Kunsthändler sowie 150 international renommierte Experten, die die Kunstwerke auf Qualität, Zustand und Echtheit prüfen, mit ihrem Namen ein.

Wer selbst zur TEFAF aufbrechen möchte, der sollte sein bestes Sonntagskleid oder den guten Anzug aus dem Schrank holen, denn hier kauft man nicht nur Kunst für ein paar Tausender, sondern es geht auch ums Sehen und Gesehenwerden. Auf den hochhackigen Schuhen sollte man allerdings laufen können, denn wer stolpert und gegen ein Kunstwerk stößt, der kann sich in Sekundenschnelle hoch verschulden.

> **TEFAF (The European Fine Art Fair) Maastricht:** *TEFAF ist die weltweit führende Messe für Kunst und Antiquitäten. Sie zieht jedes Jahr im März 75.000 Besucher und die wichtigsten Galeristen, Kunstkritiker und Sammler an. Rund 275 Topgalerien aus 20 Ländern präsentieren im Maastrichter Kongresszentrum MECC ihre Kunstwerke und bieten sie zum Verkauf an. Eintritt: 40 € (www.tefaf.com).*

050ma-tefaf©Harry Heuts Photography

einen guten Zweck wie beispielsweise zur Unterstützung einer Schule für schwerbehinderte Kinder (www.bassinario.nl).

❯ **Limburg Mooiste:** Sportevent für Hobby-Rennradfahrer an Pfingsten, der jedes Jahr mehrere Tausend Sportbegeisterte aus ganz Europa anzieht (www.limburgs mooiste.nl).

❯ **Sommerkonzerte von André Rieu:** Die Maastrichter lieben den großen Sohn ihrer Stadt, André Rieu, und er dankt ihnen diese Liebe mit Open-Air-Konzerten im Sommer, während derer der komplette Vrijthof in eine gigantische Konzertarena verwandelt wird (www.andre rieu.nl).

❯ **Kadefeesten:** Ende Juli finden auf der Maaspromenade die Feste am Hafenkai statt, zu denen auch der „Roze Vrijdag" (rosa Freitag) gehört, der im Zeichen von Travestie steht. Am Samstag treten Livebands auf, wobei auch viel niederländische Musik im Freien zu hören ist (www.kadefeesten.nl).

❯ **Ridderronde:** 40.000 Besucher kommen jedes Jahr Anfang August nach Maastricht, um sich das Radrennen in der Innenstadt anzusehen (www.ridder ronde.nl).

❯ **Ironman Maastricht:** Ende Juli/Anfang August treten Athleten zu einem der härtesten Wettkämpfe an: 3,8 km in der Maas schwimmen, 180 km mit dem Rad durch die Limburger Landschaft fahren und 42 km durch Maastricht laufen (http://eu.ironman.com).

❯ **Mucho Mundo Festival:** Ein Wochenende lang (Ende August) steht das Jekerkwartier im Zeichen von Tango und Salsa. Zentrum des Festivals ist das Stadscafé Lure (s. S. 79) und der davor liegende Platz, der sich perfekt zum Tanzen eignet. Aber auch andere Kneipen und Restaurants im Jekerkwartier wie das Café Sjiek (s. S. 73) haben sich dem Event angeschlossen und lassen Bands und Tanzgruppen in oder vor ihren vier Wänden auftreten (www.facebook.com/ events/414922698613915).

⌃ *Die Maastrichter wissen zu feiern: hier bei Beau Bassin Maastricht*

▷ *Kaum einer kann so gut Plätze füllen wie André Rieu (s. S. 22)*

> **Preuvenemint:** Die Maastrichter sind Genießer und das zeigt sich zu keinem Zeitpunkt besser als während des Preuvenemint-Wochenendes. Dann verwandelt sich der komplette Vrijthof in ein Food-Mekka. Ein Stand neben dem anderen lädt zu den neuesten Cocktails, dem besten Champagner, den ausgefallensten Sushi-Kreationen und Speisen aus aller Herren Länder ein. Dazu spielen Livebands. Da Preuvenemint an einem Wochenende im August stattfindet, kann man in der Regel noch lange am Abend im Freien essen und feiern. Wer die Maastrichter schick herausgeputzt und glücklich an einem Glas Wein nippend sehen möchte, der sollte vorbeischauen (https://preuvenemint.nl).

> **Kunstplein OLV:** OLV steht für Onze Lieve Vrouweplein und dort findet jedes Jahr Ende August ein Kunstmarkt statt, auf dem junge und etablierte Künstler ihre Werke verkaufen. Die ideale Gelegenheit, auch für wenig Geld ein Kunstwerk zu erstehen (www.kunstpleinolv.nl).

Herbst

> **Beau Bassin Maastricht:** Het Bassin ist der kleine Binnenhafen von Maastricht und er ist Anfang September Schauplatz von Beau Bassin Maastricht. Während dieses Events stehen Mode und leckeres Essen im Vordergrund (www.beaubassin.nl).

> **Musica Sacra Maastricht:** Wie der Name schon andeutet, dreht sich bei diesem Festival an einem Wochenende Mitte September alles um religiöse Musik. Austragungsorte sind Kirchen, Theater und Konzertsäle (www.musicasacra maastricht.nl).

> **Open Monumentendag:** Jedes Jahr am zweiten September-Wochenende öffnen in den Niederlanden Tausende von historischen Gebäuden ihre Türen. Besucher bekommen dann freien Eintritt zu bedeutenden Stätten, die normalerweise nicht zugänglich sind. In Maastricht kann man an diesem Wochenende beispielsweise das Gouvernement an der Maas, in dem

052ma-ar

die Regierung von Limburg ansässig ist, besuchen und sich den Tisch ansehen, an dem der Vertrag von Maastricht unterzeichnet wurde (www.openmonumentendag.nl).

❯ **Jekerjazz:** Am zweiten Wochenende im Oktober wird das Jekerjazz-Festival ausgetragen – mit rund 100 Konzerten auf 40 Bühnen. Der Eintritt ist frei (www.jekerjazz.com).

❯ **Jumping Indoor Maastricht:** Drei Tage im November treffen Springreiter aus aller Welt in Maastricht ein, um sich miteinander zu messen. Austragungsort ist das Messezentrum MECC Maastricht (www.jumpingindoormaastricht.com).

Winter

❯ **Magisch Maastricht:** Den ganzen Dezember über verwandelt sich Maastricht in Magisch Maastricht. Dann erhellen Girlanden mit 80.000 Lichtern und einer Länge von 4 km und weitere 18 km an hängendem Baumschmuck mit weiteren 182.000 Lichtern die Stadt. Es ist ein Lichterspektakel, das am Onze Live Vrouweplein besonders stilvoll ist. Hinzu kommt ein großer Weihnachtsmarkt auf dem Vrijthof, der mit Riesenrad, Karussell, Spiegelzelt, Haus des Weihnachtsmannes und der in den Niederlanden obligatorischen Eislauffläche auch einen Hauch von Jahrmarkt hat. Geöffnet ist der Weihnachtsmarkt auf dem Vrijthof den ganzen Dezember über von 10 bis 22 Uhr (www.magischmaastrichtvrijthof.nl).

❯ **Weihnachtsstadt Valkenburg:** Jedes Jahr ab Ende November verwandelt sich das Städtchen Valkenburg in eine Weihnachtsstadt mit festlicher Beleuchtung, dekorierten Geschäften und einem unterirdischen Weihnachtsmarkt in den Mergelgrotten (www.kerststadvalkenburg.nl/de).

❯ **Karneval:** So wie auch im Rheinland feiert man in Maastricht ausgiebig Karneval – u. a. mit einem Karnevalsumzug am Karnevalssonntag, einem Familienumzug am Rosenmontag und viel Tamtam in den Kneipen.

Feiertage

In den Niederlanden werden die christlichen Feiertage nicht in dem Umfang gefeiert wie zum Beispiel in Deutschland. Karfreitag ist kein gesetzlich anerkannter Feiertag und gleiches gilt für den 1. Mai. Feiertage sind:

❯ **Neujahr** (1. Januar)
❯ **Ostersonntag** und **Ostermontag** (viele Geschäfte sind aber am Ostermontag offen)
❯ **Koningsdag** (27. April, wenn der Königstag auf einen Sonntag fällt, wird er verschoben)
❯ **Pfingstmontag**
❯ **Himmelfahrt**
❯ **Weihnachten** (25. und 26. Dezember)

MAASTRICHT VERSTEHEN

Das Antlitz der Stadt

Maastricht liegt eingebettet in eine Hügellandschaft, an deren Hängen sogar Weinstöcke wachsen. Und das in den Niederlanden? Jawohl. Denn wer sich die Karte genauer ansieht, der erkennt, dass sich die Stadt im allersüdlichsten Zipfel der Niederlande befindet. Wie eine Enklave strecken sich Maastricht und Umgebung Richtung Süden, als wolle es etwas mehr Sonne, etwas mehr Süden abbekommen als der Rest des Landes. Deutschland und Belgien umarmen diesen südlichsten Zipfel der niederländischen Provinz Limburg regelrecht und sind so nah, dass man manchmal gar nicht mehr bemerkt, ob man nun in den Niederlanden oder in Belgien ist. Wer an der Maas entlang von Maastricht aus mit dem Auto Richtung Süden fährt, der befindet sich bereits nach zehn Fahrminuten auf belgischem Staatsgebiet. In Deutschland ist man in rund 20 Minuten mit dem Auto.

◁ *Vorseite: Der Stern ist das Symbol der Stadt: hier an der Wilhelminabrug [E3]*

Auch wenn Maastricht grenznah liegt, so ist es doch ganz anders als seine Nachbarstädte. Die hellen Backsteinhäuser verströmen **französisches Flair**, die modische Eleganz der Einheimischen lässt an Italien denken und die genussvolle Lebensart wird als „burgundisch" bezeichnet. Die Gelassenheit und freundliche Unkompliziertheit der Maastrichter ist jedoch wieder typisch niederländisch. Eine perfekte Mischung also – und ideal für eine Reise in die Hauptstadt Limburgs.

Maastricht liegt an einem Fluss und der Name verrät es bereits: Es ist die **Maas.** Städte, die sich an einem Gewässer befinden, haben in der Regel einen höheren Freizeitcharakter und vielleicht auch etwas mehr Charme als andere Städte. So auch Maastricht, an dessen Maas-Ufer sich die Restaurants und Straßencafés reihen und auf deren Flusslauf die Ausflugsschiffe und Motorboote fahren. Und dann wäre noch die hübsche Sint Servaasbrug, die so typisch für das Antlitz der Stadt ist und die sich auf zahlreichen Postkartenmotiven wiederfindet. Entlang der Maas liegt auch das in den 1980er-Jahren entstandene, mondäne Stadtviertel **Céramique**, das man auf dem Gelände eines frü-

054ma-ug

Maastricht in Zahlen
> **Gegründet:** rund 500 v. Chr.
> **Einwohner:** 122.500
> **Bevölkerungsdichte:**
  2038 Einw./km²
> **Fläche:** 60,06 km²
> **Höhe ü. M.:** 49 m
> **Stadtbezirke:** 5
> **Hauptstadt** der niederländischen
  Provinz Limburg

Von den Anfängen bis zur Gegenwart

Erste Spuren menschlicher Besiedlung im Raum Maastricht stammen aus dem Mittelpaläolithikum. Das heißt, dass schon vor rund 250.000 Jahren Menschen in der heutigen Provinz Limburg lebten. Ihre Hinterlassenschaften fand man in einer Lössgrube im Stadtviertel Belvédère. Diese archäologischen Funde sind die ältesten der Niederlande. Auch die Neandertaler ließen sich hier nieder, von ihnen fand man bearbeitete Steine, ein Messer aus Feuerstein sowie Knochen. Später kamen die Kelten, dann die Römer und mit ihnen erlangte Maastricht eine mit den Jahrhunderten wachsende strategische Bedeutung. Denn die Stadt befindet sich an einer Flussenge der Maas – ideal, um den Fluss hier zu überqueren. Damit war auch der Name Maastricht geboren: „Mosa Trajectum" im Lateinischen, „Maas-Übergang" im Deutschen. Später wurde daraus Maastricht. Bis ins 19. Jahrhundert war dieser Flussübergang der einzige über die Maas.

500 v. Chr. Kelten siedeln an der leicht überquerbaren Stelle der Maas.

100 v. Chr. Die Römer errichten 4 km südlich von Maastricht ein *oppidum,* eine befestigte Siedlung.

50 v. Chr. Eine Brücke über die Maas wird erbaut.

380 Der Bischof von Tongern, Servatius, verlegt seinen Sitz nach Maastricht.

5. Jh. Nach dem Tod von Servatius im Jahr 384 setzt ein wahrer Pilgerstrom zum Grab des Heiligen ein.

heren Keramikwerkes errichtete. Ebenfalls vom Fluss geprägt ist das **Sphinxkwartier,** in dem sich der frühere Industriehafen befindet. Heute ist das Het Bassin genannte Hafenbecken ein idyllischer **Freizeithafen** mit vielen Restaurants am Kai.

Maastricht liegt im Gebiet **Euregio,** das Teilbereiche der Niederlande und Deutschlands umfasst, genauer gesagt Teile von Niedersachsen und Nordrhein-Westfalen und auf niederländischer Seite der Provinzen Gelderland, Overijssel und Drenthe. In dieser Region leben 3,4 Millionen Menschen. Ziel der Euregio, die sich 1958 zusammengeschlossen hat, ist „Aufbau und Verstärkung grenzüberschreitender Zusammenarbeit und Strukturen im deutsch-niederländischen Grenzgebiet". Das bedeutet konkret eine enge Zusammenarbeit der beiden Länder, das sich in grenzüberschreitendem Arbeiten/Wohnen, kulturellen Projekten und Aktivitäten äußert. Es gibt beispielsweise einen grenzüberschreitenden Skulpturenweg an der Vechte (www.kunstwegen.org). Eine weitere Arbeitsgemeinschaft ist die **Euregio Maas-Rhein,** zu der die Provinzen Limburg (Niederlande), Lüttich (Belgien) und Aachen (Deutschland) zählen.

◁ *Das Highlight unter den Touren: eine Maas-Rundfahrt (s. S. 118)*

8. Jh. Der Bischofssitz wird nach Lüttich verlegt.

12. Jh. Die Verehrung des heiligen Servatius erreicht ihren Höhepunkt.

1204 Maastricht erhält Stadtrechte und errichtet daraufhin eine Stadtmauer. Zudem steht die Stadt unter einer Doppelherrschaft *(tweeherigheid)*: Der Fürstbischof von Lüttich und der Herzog von Brabant herrschen gemeinsam.

1275 Während einer Prozession stürzt die Brücke über die Maas ein, wobei viele Menschen ertrinken.

1280–1298 Bau der neuen Sankt-Servatius-Brücke

1568 Beginn des Achtzigjährigen Krieges (bis 1648), in dem sich die Niederländer gegen die spanische Herrschaft zur Wehr setzen.

1579 Maastricht wird von spanischen Truppen eingenommen und größtenteils zerstört.

1632 Friedrich Heinrich von Oranien befreit die Stadt von den Spaniern und Maastricht schließt sich der Republik der Sieben Vereinigten Niederlande an.

1673 Der französische König Ludwig XIV. erobert Maastricht, wobei der Musketier d'Artagnan ums Leben kommt. Erneut wird ein Großteil der Stadt zerstört.

1678 Rückkehr in die niederländische Republik

1701 Man beginnt mit dem Bau des Forts Sint Pieter, um die Stadt besser zu schützen.

1794 Erneuter Einfall der Franzosen. Maastricht wird französisch.

1814 Erneute Rückkehr unter niederländische Herrschaft

1815 Maastricht wird Teil des Vereinten Königreiches der Niederlande.

1830 Die südlichen Provinzen gründen den Staat Belgien. Limburg bleibt dem niederländischen König treu.

1830–1850 Entwicklung von Maastricht zur Industriestadt

19. Jh. Maastricht wird zum Zentrum der niederländischen Keramikindustrie.

1976 Die Region Euregio und die Universität Maastricht – mit deutlich internationaler Ausrichtung – werden gegründet

1980er-Jahre: Auf dem ehemaligen Gelände der Keramikwerke ensteht das vornehme Stadtviertel Céramique.

1991 Die Region Euregio wird um belgische Gebiete zur Euregio Maas-Rhein erweitert.

1992 In der Stadt wird der Vertrag von Maastricht unterzeichnet, der die Basis für die Europäische Union bildet.

2017 Europe calling: Maastricht feiert 25 Jahre Maastrichter Vertrag.

055ma-ug

◁ *In der Dominikanerkirche wurden früher Blumen angeboten, heute sind es Bücher (Dominicanen* ❹*)*

Leben in der Stadt

056ma-ug

Aufgrund ihrer günstigen Lage war die Gegend schon sehr früh besiedelt und Maastricht gehört damit zu den ältesten Städten der Niederlande. Die Geschichte der Stadt war bewegt und von Besatzungen, vor allem durch die Franzosen, gekennzeichnet. Heute ist Maastricht, im Maastrichter Dialekt als Mestreech bezeichnet, die Hauptstadt der niederländischen Provinz Limburg.

Die **grenznahe Lage** zu Deutschland und Belgien (sowohl an das Niederländisch sprechende Flandern, als auch an das französischsprachige Wallonien) ist überall zu spüren – sei es in sprachlicher oder kultureller Hinsicht. Nicht umsonst bewarb sich Maastricht für den Titel Kulturhauptstadt Europas 2018. Der Titel ging jedoch an die friesische Stadt Leeuwarden, was nicht nur viele Maastrichter, sondern auch viele Niederländer nicht nachvollziehen konnten. Europa spielt dennoch in der Stadt eine große Rolle. So ist man stolz darauf, dass hier der **Maastrichter Vertrag** unterzeichnet wurde, der die Basis für die Europäische Union legte.

Im Laufe der letzten Jahrzehnte hat sich die Stadt zu einer wahren **Studentenstadt** entwickelt, in der rund 16.500 internationale Studenten leben. Nicht umsonst wurde die Universität in das englische „Maastricht University" umgetauft. Insgesamt werden über 80 verschiedene Bachelor- und Masterstudiengänge angeboten. Zudem gibt es eine School of Business and Economics, die Maastricht Academy of Fine Arts and Design (MAFAD), das Konservatorium und eine Schauspielakademie.

Weiterhin ist Maastricht als **Provinzhauptstadt** auch **Verwaltungs-**sitz, der sich im großen Gouvernement aan de Maas befindet.

Der **Tourismus** spielt in wirtschaftlicher Hinsicht eine große Rolle in Maastricht. Aufgrund der vielen Sehenswürdigkeiten, der Grenznähe und der schönen Lage kommen jährlich rund 3 Millionen Besucher in die Stadt, rund 300.000 bleiben mindestens eine Nacht. Auch viele Tagungen, Kongresse und Events werden in Maastricht ausgetragen. Die international anerkannte Kunst- und Antiquitätenmesse TEFAF (s. S. 97) ist nur eines der vielen Beispiele für die wachsende Bedeutung als **Messe- und Kongressstadt.**

⌂ *Die Maatrichter verstehen es, das Leben zu genießen*

Maastricht erfindet sich neu

Maastricht hat in den Niederlanden den Ruf einer hervorragenden Shopping- und Genießerstadt. Aus dem ganzen Land reist man an, wenn man sich ein Wochenende Bummeln und Ausgehen in einer freundlichen, gepflegten Atmosphäre gönnen möchte. Das ist die eine Seite Maastrichts. Doch Maastricht beherbergt auch 16.500 Studenten aus aller Welt und die brauchen Wohnraum, Treffpunkte und Ausgehmöglichkeiten.

Es kam gerade Recht, dass einige frühere Industriebauten wie das Eiffel-Gebäude ⓴ und die **Tapijnkazerne** ⓱ frei wurden. In den nächsten Jahren wird sich in Maastricht viel verändern, vor allem im **Sphinxkwartier** (s. S. 41): Ein Student Hotel mit Skybar zieht in das Eiffel-Gebäude ein, in der Timmerfabriek am alten Hafen werden internationale Studenten einen Treffpunkt bekommen, es wird Wohn- und Arbeitsraum für junge Kreative geschaffen und ein eigenes Podium für junge Musiker in der Muziekgieterij (s. S. 85) ins Leben gerufen. Außerdem werden die zwei Bereiche des **Frontenpark** ⓶ zusammengelegt.

Auf dem über sechs Hektar großen früheren Gelände der Tapijnkaserne bekommt die Maastricht University einen neuen **Campus**. Außerdem wird der Stadtpark um einen Teil des Kasernengeländes vergrößert.

Viele Projekte sind in vollem Gange, einige werden noch ein paar Jahre in Anspruch nehmen, doch was schon jetzt zu spüren ist: Die Atmosphäre in Maastricht verändert sich und die schicke Einkaufsstadt ist um ein paar spannende Komponenten reicher geworden. Brutstätten für Kreativität, gewagte Gastrokonzepte, junge Modedesigner und neue Szenebars komen hinzu und machen Maastricht noch interessanter.

☑ *Het Bassin* ⓴, *der Hafen der Stadt, befindet sich im Sphinxkwartier*

057ma-ug

PRAKTISCHE REISETIPPS

An- und Rückreise

Mit dem Flugzeug

Maastricht hat einen eigenen Flughafen, den **Maastricht Aachen Airport,** der von einigen Städten Europas wie Barcelona und Antalya angeflogen wird (u. a. von Ryanair und Corendon), eine deutsche, österreichische oder Schweizer Stadt ist derzeit allerdings nicht mit dabei.

Die Buslinie 30 des Verkehrsanbieters Arriva fährt vom Flughafen in 20 Minuten zum **Bahnhof von Maastricht.** Von dort aus ist man in ein paar Minuten zu Fuß im Stadtzentrum. Am Flughafen befinden sich außerdem **Mietwagenverleihstationen** von Hertz, Sixt und Europcar. Vor allem im März während der Kunstmesse TEFAF ist auf dem Flughafen viel los: Dann landen hier die Privatjets der Superreichen, die zum Kunstshopping vorbeikommen.

● **107** **Maastricht Aachen Airport,**
Vliegveldweg 90, Tel. 3589898,
www.maa.nl

Mit dem Zug

Die Anreise mit dem Zug ist durchaus empfehlenswert, denn die hübsche, kleine **Station Maastricht Centraal** befindet sich nahe der Altstadt. Außerdem gibt es viele empfehlenswerte Hotels (s. S. 122) in Bahnhofsnä-

he, sodass man im Prinzip zu Fuß die Unterkunft erreichen kann (auch mit Rollkoffer). Vom Bahnhof führt der Weg schnurgerade durch die Wycker Brugstraat und über die Sint Servaasbrug ins Zentrum der Stadt. Der Fußweg bis zum bekannten Vrijthof nimmt rund eine Viertelstunde in Anspruch.

Eine ICE-Direktverbindung von Deutschland nach Maastricht gibt es nicht. Man muss **in Lüttich oder Roermond umsteigen.** Neben Maastricht Centraal gibt es noch zwei weitere Bahnhöfe: Maastricht Noord und Maastricht Randwyck (Nähe Krankenhaus).

● **108** [G3] **Station (Bahnhof) Maastricht Centraal,** Stationsplein 27

Mit dem Auto

Von **Aachen** aus fährt man über die Bundesstraße N278 nach Maastricht. Die Fahrtzeit mit dem Auto beträgt rund eine halbe Stunde. Vom **Süden** Deutschlands führt erst die E42, dann die E25 durch Belgien nach Maastricht. Vom **Norden** und **Westen** kommend geht die Reise über die niederländische Stadt Venlo und weiter Richtung Maastricht über die A73 und die A2.

Mit dem eigenen Boot

Auch das ist möglich: Wer ein eigenes Motorboot hat, der kann Maastricht auch über das Wasser erreichen und landet dann im hübschen Freizeithafen Het Bassin **21** (http://tbassin.nl). Dort, ganz in der Nähe der Altstadt, befinden sich 70 Liegeplätze für Boote. Weitere Infos gibt es täglich von 9 bis 19 Uhr beim Hafenmeister: Tel. 3900935 oder Marifonkanal (Seefunk) 31.

◁ *Vorseite: Klompen, niederländische Holzschuhe, mit dem Maastrichter Stern*

Autofahren

Maastricht gehört zu den ältesten Städten der Niederlande. Die schmalen Gassen eignen sich definitiv nicht für die Erkundung mit dem Auto; zudem wurde ein Großteil der Stadt zur Fußgängerzone erklärt. Wer mit dem Auto unterwegs ist, kann sein Fahrzeug in einer der zentrumsnahen Tiefgaragen stehen lassen und zu Fuß weitergehen oder einen Park-and-Ride-Platz nutzen:

▣**109** [D2] **Bassin,** Maastrichter Grachtstraat 21, geöffnet: Mo–Mi 7–21, Do 7–22, Fr–So 7–21 Uhr. In Hafennähe, 25 €/Tag.

▣**110** [D3] **Mosae Forum,** Maasboulevard 40, 24 Std. geöffnet. Unter dem Einkaufszentrum Mosae Forum, nur ein paar Meter bis zum Markt, 25 €/Tag.

▣**111** [E5] **OLV-Parking,** Maasboulevard 80, 24 Std. geöffnet. Riesige Parkgarage, nur ein paar Meter vom Onze Lieve Vrouweplein entfernt, 25 €/Tag.

▣**112** **P+R-Platz Maastricht Noord,** Hoekerweg, Maastricht. Das Parken ist kostenlos und für 2 € p. P. (gilt für Hin- und Rückfahrt am selben Tag) kann man mit dem Bus Nr. 10 ins Zentrum fahren (Haltestelle Mosae Forum/Centrum). Der Bus fährt viermal stündlich. Kinder bis einschließlich 11 Jahren fahren kostenlos mit.

▣**113** [C4] **Vrijthof,** Vrijthof 100, 24 Std. geöffnet. Mitten auf dem Vrijthof, daher teuer: 35 €/Tag.

Barrierefreies Reisen

Einrichtungen und Serviceleistungen für Menschen mit Behinderung sind in den Niederlanden generell gut und so sind auch in Maastricht die **öffentlichen Gebäude** für Rollstuhlfahrer zugänglich, ebenso die meisten Museen, Theater und die Grotten Zonneberg sowie die Grotten Noord.

Das Zentrum besteht größtenteils aus Fußgängerzonen mit Kopfsteinpflaster, dennoch gibt es überall einen schmalen Streifen aus Fliesen, der für **Rollstuhlfahrer** angelegt wurde. Auch die Gehsteige im Zentrum wurden an Ampeln für Rollstuhlfahrer abgesenkt. Die Busse der Maastrichter Busgesellschaft Arriva können mit Rollstuhl genutzt werden, nicht aber mit einem Elektromobil. Vier Schiffe der **Rederij Stiphout** (s. S. 119) haben einen Aufzug für Rollstühle sowie barrierefreie Toiletten.

Für **Schlechtsehende und Blinde** geben Ampeln ein Signal ab. Außerdem weisen an Ampeln, am Bahnhof und an den Buseinsteigesstellen Bodenindikatoren-Steine die Richtung an.

Bei den **Unterkünften** kommen die kleinen Hotels in der Altstadt für Rollstuhlfahrer weniger in Frage, da sie in denkmalgeschützten Häusern untergebracht sind und oftmals über keinen Aufzug verfügen. Barrierefreie Zimmer haben folgende **Hotels:** Crowne Plaza Maastricht, Amrâth Grand Hotel de l'Empereur, Hampshire Designhotel Eden, Stayokay Maastricht, Buitenplaats Vaeshartelt und Van der Valk Maastricht (s. S. 122).

Wer mit dem Zug nach Maastricht reist und Hilfe beim Umsteigen benötigt, kann diese über das **Bureau Assistentieverlening Gehandicapten** arrangieren (Tel. +31 (0)30 2357822). **Restaurants** mit Behindertentoilette können hier online abgerufen werden: www.eet.nu/maastricht/rolstoeltoilet. Eine Behindertentoilette in der Altstadt bietet das Kaufhaus Bijenkorf (s. S. 89).

Eine **Broschüre** über barrierefreies Reisen kann beim VVV Maastricht (s. S. 111) angefordert werden.

Geldfragen

Maastricht gehört nicht gerade zu den günstigen Reisezielen in den Niederlanden. Da es in der Altstadt keine großen Hotels gibt, muss man für ein Zimmer in einem kleinen **Boutique-Hotel** entweder tiefer in die Tasche greifen oder in ein großes Hotel am Stadtrand ausweichen. Eine Nacht an einem Wochenende im Mai schlägt dabei im Stadtinneren durchaus mit 150 € zu Buche, am Stadtrand mit rund 100 € pro Nacht für ein Doppelzimmer.

Essengehen ist ebenfalls kein Schnäppchen, vor allem deswegen nicht, weil sich Maastricht als **Feinschmeckerstadt** etabliert hat und es viele gute, aber auch teure Restaurants mit oftmals französischer Küche gibt. Wer sparen möchte, der kann sich bei Reitz (s. S. 74) *zoervleis* mit Pommes holen. Gut und günstig! Aber auch in den sog. *eetca-fés*, einer Mischung aus Kneipe und Speiselokal, gibt es oftmals ein Tagesgericht für rund 15 €.

Wichtig: Man sollte nach Möglichkeit immer seine EC- oder Kreditkarte mit sich führen, da **manche Geschäfte kein Bargeld akzeptieren** und an Parkscheinautomaten größtenteils nur noch mit Karte bezahlt werden kann.

Informationsquellen

Die Touristeninformationen in den Niederlanden tragen die Abkürzung VVV, was für **Vereniging voor Vreemdelingenverkeer** steht. Sie sind in jeder Stadt zu finden, so auch im Zentrum von Maastricht im historischen **Dinghuis** ❷. Hier erhalten Besucher Prospekte, Stadtkarten, Reiseführer und allerlei Souvenirs. Außerdem kann man Stadtführungen und Veranstaltungen buchen.

Maastricht preiswert

› *Stadtführungen mit City Sights Maastricht: Man bezahlt für die Stadtführung so viel, wie man möchte (s. S. 118).*
› *Konzerte im Conservatorium: Früh, mittags oder abends: Regelmäßig geben Studenten kostenlose Konzerte im Conservatorium oder an anderen Orten der Stadt. Das Programm findet sich unter www.conservatoriummaastricht.nl.*
› *Open Monumentendag: An einem Wochenende im September öffnen viele Monumente gratis ihre Türen, die sonst nicht oder nur mit Eintritt zu besichtigen sind www.openmonumentendag.nl*

› *Midweekend: Mit der Wortschöpfung „Mittwochende" bietet der Fremdenverkehrsverein Maastricht Übernachtungen im Hotel während der Woche zu einem attraktiven Preis und mit Zusatzleistungen an: www.vvvmaastricht.nl.*
› *Gratis Parken: Auf dem P+R-Platz Maastricht Noord (s. S. 109) kann man das Auto stehen lassen und für 2 € p. P. mit dem Bus Nr. 10 ins Zentrum fahren.*
› *Das **Bonnefantenmuseum** ㉖ bietet jeden Samstag und Sonntag um 11.30 Uhr Gratisführungen an (Eintritt muss allerdings bezahlt werden).*

❯ **VVV Maastricht,** im Dinghuis ❷,
Tel. +31 (0)43 3252121, www.vvvmaastricht.nl/de, Nov.–Apr. Mo.–Fr. 10–18,
Sa. 10–17, So. 11–17 Uhr, Mai–Okt.
Mo.–Sa. 10–18, So. 11–17 Uhr

Die Stadt im Internet

❯ **www.vvvmaastricht.nl:** Die Touristeninformation der Stadt unterhält auch
eine eigene Website mit Informationen
u. a. auf Deutsch. Praktisch ist der
Veranstaltungskalender.
❯ **www.zichtopmaastricht.nl:** In dieser
„Biographie einer Stadt" wird die
Geschichte Maastrichts beschrieben –
als römische Festung, als religiöses Zentrum, als Garnisonsstadt und als frühe
Industriestadt. Sehr interessant!

Publikationen und Medien

❯ **City Guide.** Auch auf Deutsch gibt es das
fast 150 Seiten umfassende Szenemagazin im handlichen A5-Format, in dem
Stadtteile, Restaurants, Sehenswürdigkeiten und Geschäfte vorgestellt werden.
Er liegt in vielen Hotels der Stadt aus.

☐ *Verlaufen unmöglich:*
Alles ist gut ausgeschildert

EXTRATIPP

Auf dem Laufenden bleiben
In der Bibliothek des **Centre Céramique** ㉓ kann man deutsche Zeitungen wie „Die Zeit", die „Frankfurter
Allgemeine" und die „Aachener Zeitung" sowie die „New York Times" und
englischsprachige Magazine wie den
„Rolling Stone" gratis lesen.

Smartphone-Apps

❯ **9292:** Die kostenlose App 9292 fehlt
vermutlich auf keinem niederländischen
Handy, denn sie beschreibt ganz einfach den Weg von A nach B: Ob man
Bus, Straßenbahn oder Zug nehmen soll
und wie lange man danach noch gehen
muss, um ans Ziel zu gelangen (einschließlich Beschreibung des Fußwegs
und Kostenangaben für den öffentlichen
Nahverkehr). Die App gibt es gratis, in
niederländischer und englischer Sprache
für iOS und Android.
❯ **NS Reisplanner Xtra:** Wer in den Niederlanden viel mit dem Zug unterwegs
ist, sollte sich den Reiseplaner der NS
(Nationale Spoorwegen), also des niederländischen Pendants der Deutschen
Bahn herunterladen. Die englischsprachige App fragt nach dem Start- und

Meine Literaturtipps

❯ *Driessen, Christoph:* **Geschichte der Niederlande.** *Von der Seemacht zum Trendland. Verlag Friedrich Pustet, 2016. Der Autor kann wunderbar schreiben und Wissen so gut vermitteln, dass man das Buch nicht mehr weglegen möchte.*

❯ *Dumas, Alexandre:* **Die drei Musketiere.** *D'Artagnan und seine drei Freunde Athos, Porthos und Aramis sind unzertrennlich – nach dem Motto „Einer für alle, alle für einen!". Während des französischen Sturms auf Maastricht wird er von einer Kugel getroffen und stirbt. In der Stadt ist sein Name aber noch heute lebendig. Das große Werk von Dumas spielt zu der Zeit von König Ludwig XIII. (1610–1643) und basiert auf der Biografie „Les Mémoires de d'Artagnan" („D'Artagnans Erinnerungen") aus dem Jahr 1700, in der Musketier Gatien de Courtilz de Sandras Informationen festhielt, die er während seines eigenen Aufenthaltes in der Bastille von ehemaligen Mitgefangenen erhielt.*

❯ *Grafberger, Ulrike:* **Holland für die Hosentasche.** *Fischer Verlag, 2016. Die Autorin dieses CityTrip-Bands hat für den Fischer Verlag ein Buch über Holland geschrieben. Es beschäftigt sich auf unterhaltsame Weise mit Themen wie Königshaus, Sprache, Essen und Mentalität der Niederländer. Das Büchlein, das in eine Hosentasche passt und dennoch fast 300 Seiten stark ist, ist die ideale Urlaubsvorbereitung.*

❯ *Mak, Geert:* **In Europa.** *Pantheon Verlag, 2004. In Maastricht wurde der Maastrichter Vertrag unterzeichnet und damit ein Stück europäischer Geschichte geschrieben. Der niederländische Historiker und Publizist Geert Mak begibt sich in seinem über 900 Seiten starken Werk auf eine Zeitreise durch ein ganzes Jahrhundert und einen ganzen Kontinent und erklärt sehr gut komplexe, historische Zusammenhänge in Europa.*

dem Zielbahnhof des Nutzers und gibt dann alle Zugverbindungen an, inklusive der Fahrtzeit, des Preises, des erwarteten Andrangs und einer eventuellen Zugverspätung (kostenlos für Android und iOS).

❯ **Roman Maastricht (iOS)/Römisches Maastricht (Android):** Der Maastrichter Stadtarchäologe Gilbert Soeters hat diese Gratis-App über die römische Vergangenheit der Stadt entwickeln lassen. Es gibt viele Informationen, Filme, 3-D-Modelle und das teilweise auch auf Deutsch.

❯ **NLStreets:** Das *must have* für alle Shoppingfans! Die App informiert in englischer Sprache über die Einkaufsstraßen in den wichtigsten niederländischen Städten, darunter auch Maastricht, und stellt dort einzelne Läden mit Öffnungszeiten und Sortiment vor (gratis für iOS und Android).

Medizinische Versorgung

Bevor man in den Niederlanden einen Spezialisten aufsucht, geht man erst zum Hausarzt *(huisarts)*. Dieser verweist einen weiter an den Facharzt, der seine Praxis *(praktijk)* in den Niederlanden meist in einem Krankenhaus hat. Er behandelt dort die Patienten, empfängt aber auch zu „normalen" Sprechstunden.

In Maastricht praktizieren über 60 **Hausärzte**. Eine Übersicht findet man im Internet unter www.zorg kaartnederland.nl/huisarts/maast richt. Benötigt man eine Behandlung außerhalb der üblichen Sprechzeiten, also nachts oder am Wochenende, kann man den sog. **Huisartsenpost** (Hausarztposten) im Krankenhaus UMC+ aufsuchen. Doch bevor man sich auf den Weg macht, muss man anrufen und sich anmelden: Tel. 3877777.

➕**114** [D3] **Huisartsenpraktijk Mosae Forum Heg-Reitz,** Gubbelstraat 6b, Tel. 3212309, www.mcmf.nl, geöffnet: Mo.–Fr. 8–17 Uhr. Die Hausarzt-Gemeinschaftspraxis befindet sich sehr zentral im Mosae Forum am Marktplatz. Das Team besteht aus männlichen und weiblichen Hausärzten. Eine Apotheke befindet sich ebenfalls im Haus.

Bei einem medizinischen Notfall braucht man *Spoedeisende Hulp* (**Notfallversorgung**) und die erhält man in einem **Krankenhaus.**

➕**115 Maastricht UMC+,** P. Debyelaan 25, Tel. 3876700, Infos in Englisch: www. mumc.nl/en/patienten-en-bezoekers/ practical-information/emergency-department, geöffnet: jederzeit. Kinder werden bevorzugt behandelt. Parkplätze für Notfälle gibt es am Krankenhaus, sie können gratis genutzt werden.

Um sich bei einem Hausarzt – oder im Krankenhaus – behandeln lassen zu können, sollte man eine **Europäische Krankenversicherungskarte (EHIC)** dabei haben, die von der gesetzlichen Krankenversicherung ausgestellt wird und die die meisten Versicherten besitzen. Hat man eine

solche Karte nicht, kann man einen Auslandskrankenschein anfordern.

Apotheken

Im Gegensatz zu vielen anderen europäischen Ländern gibt es in den Niederlanden nicht „an jeder Ecke" eine **Apotheke** *(apotheek).* Das liegt daran, dass Medikamente wie Paracetamol und Durchfalltabletten sogar im Kaufhaus Hema (s. S. 89) angeboten werden. In den **Drogerien** *(drogist)* wie Etos, Kruidvat und DA gibt es noch mehr Auswahl an Hausmitteln und Medikamenten: Hustensaft, Aspirin, Nasenspray, Ibuprofen, Paracetamol (50 Tabletten für einen Euro), Fieberthermometer, Tabletten gegen Durchfall und Magenschmerzen, Pflaster, Schwangerschaftstests und sogar die Pille danach („Morning After Pill").

Braucht man allerdings „etwas Stärkeres" wie Antibiotika, dann muss man tatsächlich zum Hausarzt und das Medikament auf Rezept in einer Apotheke abholen:

➕**116** [F6] **Apotheek Céramique,** Avenue Céramique 155, Tel. 3258239, www.ceramique.medsenapotheek.nl, geöffnet: Mo.–Fr. 8–17.30 Uhr

➕**117** [D3] **Schoepp Apotheek Mosae Forum,** Gubbelstraat 4, Tel. 3100370, www.apotheekschoeppmosaeforum. nl, geöffnet: Mo.–Fr. 8–18 Uhr, Sa. 9–17 Uhr

❯ Die Apotheke des **Maastrichter Krankenhauses UMC+** ist jeden Tag rund um die Uhr geöffnet:

Zahnarzt

Wer dringend am Abend oder am Wochenende einen Zahnarzt *(tandarts)* braucht, der kann die zentrale Telefonnummer 0900 4243434 anrufen. Auf der Website www.tandartsen maastricht.nl ist zudem zu sehen, welche Praxen Notdienst haben. Unter dem Menüpunkt „Contact" befindet sich eine Auflistung aller Zahnärzte in Maastricht mit Adresse und Website.

Zentral gelegen ist folgende Zahnarztpraxis, in der mehrere Ärzte arbeiten und die auf ihrer Website verspricht, in Notfällen noch am selben Tag für Hilfe zu sorgen:

⊕118 [A4] **Tandarts Maastricht – Dental Clinics Maastricht Centrum,** Koningin Emmaplein 10, Tel. 3251545, www. dentalclinics.nl/tandarts/maastricht-centrum, geöffnet: Mo., Mi.–Fr. 8– 16.45 Uhr, Di. 8–21 Uhr, Sa. 9–13 Uhr

Mit Kindern unterwegs

Im **Stadtpark**⓰ unweit der Tapijnkazerne⓱ gibt es für kleinere Kinder eine Menge zu entdecken: In der Vogelvoliere leben Kanarienvögel, Zebrafinken und Wachteln und im Wildtiergehege sieht man Rehe und Hirsche. Außerdem gibt es viel Platz zum Toben und einen kleinen Spielplatz. Interessant ist sicherlich auch die ehemalige **Bärengrube** (s. S. 37) mit dem Kunstwerk „Halbautomatische Trostmaschine" und das unweit davon stehende Monument für den Musketier d'Artagnan. Hat man

das alles gesehen, kann man auf der Terrasse des Restaurants **Tapijn** (s. S. 79) in der Tapijnkazerne Fish and Chips, Burger oder Eis verdrücken. Gut gestärkt geht es dann zum **Spaziergang über die historische Stadtmauer.**

Für größere Kinder (ab ungefähr 10 Jahre) dürfte ein Ausflug in die „Unterwelt" von Maastricht ein unvergessliches Abenteuer sein. Doch bitte beachten: Viele Führer machen während der Führung für einen Moment das Licht aus, um zu demonstrieren, wie unglaublich dunkel es im Berg sein kann. Das kann etwas unheimlich sein. Unter dem Motto „Maastricht Underground" werden Führungen im Fort St. Pieter und den nördlichen Grotten㉘, den Zonneberg-Grotten㉙ und den Kasematten㉗ angeboten. Wann und wo diese Führungen stattfinden und was sie kosten, steht in deutscher Sprache unter www.maastrichtunderground. nl/de. Hier besteht auch die Möglichkeit, die Tickets online zu buchen. Tipp: Kinder ab 11 Jahren können zusammen mit ihren Eltern an einer Tour mit dem Tretroller durch die unterirdischen Tunnel der Grotten Zonneberg teilnehmen. Auf Niederländisch heißt diese Aktion „steptocht".

Auch eine **Schiffstour** mit der Reederei Stiphout (s. S. 119) ist ein kleines Abenteuer, vor allem, wenn man sich für die 4 Sluizentocht, die 4-Schleusen-Tour, entscheidet. Dann überwindet man Höhenunterschiede von mehreren Metern. Jeden zweiten Sonntag werden auch sog. Pfannkuchen-Bootstouren angeboten.

◁ *Wenn Kinder nur immer so gut zuhören würden … (Denkmal in der Grote Looiersstraat [C/D5])*

Notfälle

> Notrufnummer (Feuerwehr, Polizei und Notarzt): 112

🔰 **119** Politie Limburg (Polizei Limburg), Prins Bisschopsingel 53, 6212 AB Maastricht, Tel. 0900 8844, tägl. 8.30–22 Uhr

Hat man einen Gegenstand *(voorwerp)* verloren *(verloren)* oder gefunden *(gevonden)*, dann wendet man sich an die Gemeinde *(gemeente)* Maastricht.

✛ **120** Fundbüro (Loket Verloren voorwerpen), Randwijcksingel 22, geöffnet: Mo.–Fr. 9.30–11.30 Uhr

Kartensperrung

Bei **Verlust der Debit-(EC-), Kredit- oder SIM-Karte** gibt es für Kartensperrungen eine **deutsche Zentralnummer** (unbedingt vor der Reise klären, ob die eigene Bank bzw. der jeweilige Mobilfunkanbieter diesem Notrufsystem angeschlossen ist). Aber Achtung: Mit der telefonischen Sperrung sind die Bezahlkarten zwar für die Bezahlung/Geldabhebung mit der PIN gesperrt, nicht jedoch für das **Lastschriftverfahren mit Unterschrift.** Man sollte daher auf jeden Fall den Verlust zusätzlich bei der Polizei **zur Anzeige bringen,** um gegebenenfalls auftretende Ansprüche zurückweisen zu können.

In **Österreich** und der **Schweiz** gibt es keine zentrale Sperrnummer, daher sollten sich Besitzer von in diesen Ländern ausgestellten Debit-(EC-) oder Kreditkarten vor der Abreise bei ihrem Kreditinstitut über den zuständigen Sperrnotruf informieren.

Generell sollte man sich immer **die wichtigsten Daten** wie Kartennummer und Ausstellungsdatum **separat** notieren, da diese unter Umständen abgefragt werden.

> **Deutscher Sperrnotruf:**
> Tel. +49 116116 oder
> Tel. +49 3040504050
> **Weitere Infos:** www.kartensicherheit.de, www.sperr-notruf.de

Öffnungszeiten

Am **Montagmorgen** mal schnell in die Stadt, um noch ein paar Delikatessen zu kaufen oder durch die Modeboutiquen zu bummeln? In den Niederlanden ist das nicht möglich, denn dann haben die Geschäfte – und auch Postämter – in der Regel geschlossen. Lediglich Supermärkte wie Hema oder Albert Heijn haben geöffnet. Dafür laden die Shops am **Sonntagnachmittag** zum Einkaufsbummel ein. Grob gelten in Maastricht folgende Öffnungszeiten:

> Mo. 13–18, Di., Mi., Fr. 10–18, Do. 10–21, Sa. 10–17 Uhr (kleinere Geschäfte) bzw. 10–18 (in der Innenstadt), So. ab 12 Uhr (auf jeden Fall die Geschäfte im Zentrum)

Die **Museen** in Maastricht haben am Montag geschlossen, **Banken** am Sonntag.

Post

Briefmarken *(postzegels)* gibt es in der Regel auch dort zu kaufen, wo es Karten gibt. Meist wird ein 5er-Pack (6,25 € für die internationale Post) angeboten. In den Niederlanden unterscheidet man zwischen **nationaler und internationaler Post**. In letztere Kategorie fallen auch die Briefe bzw. Karten nach Deutschland, in die Schweiz und nach Österreich.

ima-ug 006

Radfahren

Holland ist das Land der Radfahrer, und daher gibt es auch in Maastricht überall **Radwege**. Die Fahrweise der Holländer ist recht unkonventionell und man ignoriert des Öfteren rote Ampeln. Fahrradhelme gibt es nicht, ebensowenig den Einsatz des Handzeichens. Man transportiert so gut wie alles auf dem Fahrrad und ab und zu sieht man Kinder stehend auf dem Gepäckträger.

Maastricht mit dem Fahrrad zu erkunden, ist also die typisch holländische Art und Weise der Stadterkundung. Wer nicht auf eigene Faust losradeln will, der kann sich den Touren von **Bike Tours Maastricht** (s. S. 120) anschließen.

●**123** [G4] **Fahrradverleih Aon De Stasie,** Stationsplein 26 (direkt am Bahnhof), Tel. 3101038, www.aondestasie. nl, geöffnet: Mo.–Fr. 5.15–1.15, Sa. 6–1.15, So. 1.15–1.15 Uhr. Mit dem Zug ankommen und rauf aufs Fahrrad: Direkt am Bahnhof verleiht Aon De Stasie „Stadträder" mit drei Gängen (10 €/ Tag) und *bakfietsen* (Lastenfahrräder), in deren Holzschale vor dem Lenker zwei Kinder Platz haben (25 €/Tag). In der Hauptsaison sollte man vorab telefonisch ein Rad reservieren. Außerdem fallen für die Räder zwischen 50 und 200 € (für *bakfietsen* und *eco-bikes*) Kaution an, die bar hinterlegt werden müssen.

Das Format der Postsendung (Brief, Postkarte oder A5-Umschlag) spielt für die Höhe der Portokosten keine Rolle, das **Gewicht** jedoch schon. Eine gewöhnliche Postkarte oder ein dünner Brief wiegen in der Regel nicht mehr als 20 Gramm und sind daher mit einer **einzelnen Briefmarke** zu versehen. Beträgt das Gewicht zwischen 20 und 50 Gramm, fallen zwei Briefmarken an. Der Preis für eine internationale Briefmarke ist 1,33 € (Stand: April 2017).

Ein **Paket** nach Deutschland zu versenden, ist relativ teuer und beginnt bei 9,31 € für ein Gewicht bis 2 kg. Bei 2 bis 5 kg bezahlt man bereits 19,50 €.

✉**121** [F3] **PostNL postkantoor,** Stationsstraat 60, geöffnet: Mo. 12–17.30, Di.–Fr. 9.30–17.30, Sa. 9.30–15 Uhr

✉**122** [D3] **Poststelle im Ako-Buchladen,** Muntstraat 17, geöffnet: Mo. 12–18, Di.–Fr. 9–18 (Do. bis 21), Sa. 9.30–16.30 Uhr

Schwule und Lesben

In den Niederlanden ist man der gleichgeschlechtlichen Liebe gegenüber **prinzipiell sehr aufgeschlossen** und so waren die Niederlande auch das erste Land der Welt, in dem 2001 die sogenannte „Homo-Ehe" zugelassen wurde.

⌂ *Immer und überall: in den Niederlanden nimmt man das „fiets" (Rad)*

Schwule und Lesben sind in jeder Bar und in jedem Hotel willkommen, dennoch gibt es einen Treffpunkt der LGTBQ-Szene, das Sway-Café auf dem Marktplatz. Das Sway bezeichnet sich selbst als *open minded*.

⊙124 [D3] **Sway Café**, Markt 39, Tel. 3210878, www.swaycafe.nl, geöffnet: Mi.–Do., So. 17–2, Fr., Sa. 17–3 Uhr

Sprache

Verständigungsprobleme dürften die wenigsten Touristen in Maastricht haben. Man spricht neben **Niederländisch** in der Regel auch sehr gut **Deutsch** und **Englisch** und aufgrund der Nähe zum französischsprachigen Teil Belgiens (Wallonien) auch **Französisch**. Maastricht wurde des Öfteren von den Franzosen besetzt und das hat seine Spuren hinterlassen, auch in der Sprache. Straßennamen wie Avenue Céramique, das Einkaufszentrum Entre Deux oder der Stadtteil Belvédère zeugen von der Nähe zu Frankreich.

Außerdem gibt es in der Stadt einen häufig vorkommenden, lebendigen **Stadtdialekt**, der auch in geschriebener Sprache zu finden ist. Gibt André Rieu eines seiner beliebten Sommerkonzerte auf dem Vrijthof, so spricht auch er mit seinen Fans Maastrichter Dialekt, Mestreechs genannt.

Interessant ist, dass sich der Dialekt von Viertel zu Viertel bzw. auch von einer gesellschaftlicher Schicht zur anderen unterscheidet. Es gibt das *Kort Mestreechs,* das die Ober- und Mittelschicht spricht, und das *Laank Mestreechs* der Arbeiter. *Mestreechs* wird auch manchmal **Sjengs** genannt, dann aber von Limburgern, die außerhalb Maastrichts wohnen. Demenstprechend sind die Maast-

richter in den Augen der Nicht-Maastrichter „de Sjengen". Übrigens ist Sjeng in der Region auch ein beliebter Vorname.

Beispiele für den Maastrichter Dialekt: Der Vrijthof wird im Niederländischen wie „Freithof" ausgeprochen, im Maastrichter Dialekt aber „Friethof" (der Name kommt allerdings vom Wort „frei"). Das Maastrichter Viertel Wyck heißt im Volksmund nicht „Weick", sondern **„Wieck"** und ein „ijs" (Eis, in Niederländisch ebenso ausgesprochen wie im Deutschen) wird zum „ies". Ein weiteres Kennzeichen ist die Verwendung der Vokalreihung „ao" wie in „taol" anstatt „taal" (Sprache) oder „naom" anstatt „naam" (Name).

Wer *Mestreechs* lernen möchte, der findet im Internet ein Online-Wörterbuch: www.mestreechtertaol.nl. Die Universität von Maastricht hat sogar einen eigenen **Lehrstuhl für die limburgische Dialekt- und Sprachkultur** eingerichtet.

Stadttouren

Mit einem **deutschsprachigen Stadtführer** geht es ins Stokstraat-Viertel, zum Onze Lieve Vrouweplein [D4], zur Stadtmauer ⑯, ins Jeker-Viertel und zum Vrijthof mit Sint Janskerk ⑥ und der Sint Servaasbasiliek ⑤. Die Maastrichtbesucher erfahren nicht nur viel Informatives, sondern auch Anekdoten rund um die wichtigsten Sehenswürdigkeiten der Stadt. Die Stadtführungen werden von der Touristeninformation VVV Maastricht (s. S. 111) angeboten und starten auch dort. Es werden auch Themenführungen durchgeführt, wie die Re-Use-Tour zu Gebäuden, die heute neu und anders genutzt werden als zu ihrem Ursprung, wie das Eiffel-Gebäude [20].

❯ Preis: 7,50 €, Juli und August täglich 13.30 Uhr. In der Nebensaison gibt es weniger Termine, dann empfiehlt sich ein Blick auf www.vvvmaastricht.nl/de, wo die Zeiten zu finden sind.

Wer sich mit einer Führung auf Englisch begnügt, der kann mit **City Sights Maastricht** losziehen. Das Konzept der sogenannten „F(r)ee Tours" ist folgendermaßen: Die Stadtführungen werden von erfahrenen Guides abgehalten und man kann den Preis selbst bestimmen („You are Free to decide the Fee!"). Die Tour dauert zwei Stunden und startet vor der Onze Lieve Vrouwebasiliek [10]. Um eine Voranmeldung über die Website wird gebeten.

❯ **City Sights Maastricht**, http://citysights maastricht.com/freetours, Sa. 11.30 und 14.30, So. 11.30, April–Ende Okt. auch Fr. 14.30, Juli/Aug. auch Mi. 14.30 Uhr

Schiffstouren auf der Maas sind sozusagen *das* Highlight unter den Maastricht-Touren. Entsprechend viele Schiffe sind in den Sommermonaten im Einsatz. Sie gehören der Reederei Stiphout und liegen am Maas-Ufer direkt beim Hinterausgang des Einkaufszentrums Mosae Forum, unweit der Sint Servaasbrug [1]. Das Angebot umfasst Rundfahrten auf der Maas, eine Vierschleusentour (inkl. einer Fahrt durch die Schleuse Ternaaien mit einem Höhenunterschied von 15 m) und eine Tagestour nach Lüttich. Wer in der Stadt bleiben möchte, der kann sich den historischen Binnenhafen Het Bassin [21] auch per Boot ansehen.

Insgesamt fünf Schiffe – die nach Flusstälern benannt wurden (Maasvallei, Jekervallei) – fahren für die Reederei. Je nach Größe des Schiffs passen zwischen 70 und 325 Personen in den Passagierraum, in dem ein Restaurant (während der Fahrt Büf-

062ma-ug

fet für Getränke und Snacks) untergebracht ist. Wer lieber draußen im
Freien sitzen möchte, der kann während der Fahrt auf dem Außendeck
bleiben.

● **125** [D3] **Rederij Stiphout,** Maaspromen-
nade 58, Tel. 3515300, www.stiphout.nl
(Infos auch auf Deutsch)

Es ist der Traum eines jeden Hollän-
ders: ein Sonntagnachmittag auf dem
Wasser, in einer bequemen *sloep*
(Schaluppe) in Begleitung von Freunden und eines prall gefüllten Pick-
nickkorbs. Diesen Traum kann man
sich ganz einfach erfüllen und man
braucht dazu noch nicht einmal einen Bootsführerschein. Die elegan-
ten **Motorboote von Maastrichtsloep** können sogar **ohne Bootsführerschein** gemietet werden – man
bekommt vor der Fahrt im Hafenbecken eine Einweisung. Hat man das
Boot im Griff, geht es auf die Maas –
eine einmalige Möglichkeit, die Stadt
einmal aus einer ganz anderen Pers-
pektive kennenzulernen.

Die *sloepen* sind offen und mit bequemen Sitzbänken versehen. Es gibt
sie für sechs bis acht Personen. Auch
eine Bootstour mit 20 oder 26 Leuten ist möglich, dann bekommt man
aber ein größeres Boot mitsamt Ka-
pitän. Für die kleineren Boote zahlt
man 90 € für zwei Stunden.

Tipp: In den Sommermonaten werden auch Architekturrundfahrten per
Boot angeboten.

● **126** [D1] **Maastrichtsloep,** Bassinkade 9,
Tel. 6090577, www.maastrichtsloep.nl,
geöffnet: Di. 10–18, Mi. 9–17, Do./Fr.
9–18, Sa. 10–17 Uhr

Den meisten Maastrichtbesuchern
fährt früher oder später einmal ein
ausgedienter **amerikanischer Schul-
bus** über den Weg. Auch er gehört
zum Fuhrpark der Rederij Stiphout
(siehe links). Eine Rundfahrt (mehrmals täglich) dauert 45 Minuten und
kostet für Erwachsene 7,20 € und für
Kinder 4 €. Sie kann auch mit einer
Bootstour auf der Maas kombiniert
werden. Eine vorherige Anmeldung
ist wünschenswert.

Der durchsichtige, umweltfreundli-
che „**Sonnenzug**" fährt, angetrieben
von Sonnenenergie, von April bis Dezember Gäste durch die Innenstadt.
Es geht zum Vrijthof, Markt, Onze Lieve Vrouweplein, Bassin, Mosae Forum und zum Stadtpark. Die Infos zu
den Sehenswürdigkeiten gibt es in diversen Sprachen.

❯ **Zonnetrein (Sonnenzug),** Abfahrt
Kesselkade, gegenüber vom Schiffsan-
leger, zwischen 11 und 16 Uhr zur vollen
Stunde, Reservierungen unter Tel.
06 12364416 oder www.zonnetrein
maastricht.com, Erw. 6 €, Kinder (6–
12 Jahre) 4 €

◁ *Die Rederij Stiphout
bringt ihre Gäste bis nach Lüttich*

◁ *Bootstour de Luxe
mit Maastrichtsloep*

064ma-bt

Radtour durch Maastricht

Sie ist sympathisch, spricht fließend
Deutsch und zeigt Besuchern gern
ihre Stadt: Veronique America. Und
da wir in den Niederlanden sind, ist
natürlich ein Fahrrad das beste Fort-
bewegunsgmittel. Gemeinsam mit
Veronique oder einem der anderen
Guides geht es auf roten Holland-
rädern auf Tour – zur Sint Servaasbasiliek **❺**, zur Onze Lieve Vrouwebasiliek **❿** und entlang der Maas.
Zwischendurch wird eine Pause eingelegt, ein *kopje koffie* getrunken und
ein köstlicher *vlaai,* der typische Limburger Kuchen, verputzt. Natürlich
haben die Guides auch eine Menge
lustiger Geschichten und Anekdoten
auf Lager.

Die Radtour findet von Donnerstag
bis Sonntag jeweils einmal am Tag
statt. Los geht es um 10.30 Uhr am
Hauptbahnhof. Die Tour dauert drei
Stunden und kostet 29 €. Eine Voranmeldung per Telefon ist notwen-
dig. Bitte beachten: Da die Hollandrä-
der etwas größer und schwerer als so
manches Aluminiumrad sind, sollten
mitfahrende Kinder mindestens 12
Jahre alt sein.

●**127** [G4] **Bike Tours Maastricht,**
  Stationsplein 28, Mobiltel. 06
  15086190, www.biketoursmaastricht.nl

Telefonieren und Internet

Eine Telefonnummer besteht in den
Niederlanden wie in Deutschland aus
einer **Vorwahl** und der **Rufnummer.**
Wenn man vom Ausland aus anruft,
fällt nach der Landesvorwahl die 0
der Ortsvorwahl weg. Die Landesvorwahl der Niederlande ist **0031,** die
Ortsvorwahl von Maastricht **043.**

Telefonzellen wird man in Maastricht – wie in den meisten europäischen Städten – vergeblich suchen.
Jeder hat ein *mobieltje,* wie das **Han-**

Telefonvorwahlen
❯ Deutschland: +49
❯ Österreich: +43
❯ Schweiz: +41

dy in den Niederlanden in der Verkleinerungsform heißt. Ab Juni 2017 fallen in der EU die Roaminggebühren weg. Damit wird das Telefonieren und Surfen mit dem Handy im EU-Ausland so günstig wie zu Hause – es sei denn, man nutzt das Handy im Ausland über einen längeren Zeitraum hinweg, dann können je nach Anbieter Nutzungsobergrenzen gelten. Wer dennoch eine niederländische Prepaidkarte möchte, der kann sie beispielsweise günstig bei Hema kaufen (s. S. 89).

In den meisten Restaurants, Cafés und Hotels in den Niederlanden gibt es **Gratis-WLAN**, das gilt sogar in den Zügen der NS (Nederlandse Spoorwegen).

Zusätzlich bietet die Gemeinde auch an vielen öffentlichen Orten Gratis-WLAN bzw. Wifi (so heißt es in Holland) an. Dazu gehören Vrijthof [C4], Markt ❸, Onze Lieve Vrouweplein [D4], Amorsplein [D4] und Stationsplein [G4] sowie das Mosae Forum (s. S. 89).

Tiere

Die Niederlande sind ein sehr tierliebes Land. In den meisten Restaurants, Cafés und Hotels sind **Hunde** willkommen und sie finden immer einen gefüllten Wassernapf vor.

◁ *Gemeinsam radelt es sich besser*

Wer seinen Hund in Maastricht **frei herumlaufen** lassen möchte, der kann das in den sogenannten *hondenloopgebieden*. Solche „Hunde-Auslaufgebiete" befinden sich beispielsweise im Stadtteil Sint-Pietersberg (am Ende vom Luikerweg, Gratis-Parkplatz am Chalet Bergrust) oder im Stadtpark ⓰ in der Nähe des Kunstwerks „Halbautomatische Trostmaschine". **In der Innenstadt** muss der Hund **angeleint** bleiben. Wird dies nicht eingehalten, droht ein Bußgeld von rund 90 €. Eine Strafe von 140 € fällt an, wenn der Hund ohne Leine auf einem Spielplatz herumrennt. Und natürlich gilt auch in den Niederlanden eine **Aufräumpflicht.**

In den **Bussen der Gesellschaft Arriva** brauchen Hunde keine eigene Fahrkarte, sofern sie kurz angeleint sind. Im **Zug** dürfen Hunde gratis mitfahren, solange sie auf den Schoß passen. Größere Hunde benötigen eine eigene *dagkaart hond* (Hunde-Tageskarte). Sie kostet 3,10 €. Blindenhunde dürfen generell gratis mitfahren.

Unterkunft

Maastricht ist eine alte Stadt mit einem relativ geschlossenen, denkmalgeschützten Stadtkern. Große Hotelkomplexe finden hier keinen Platz, daher sind die Hotels und B&Bs, die sich in der Innenstadt befinden, eher klein und überschaubar.

Viele Unterkünfte sind in **historischen Häusern** untergebracht, z. B. das Hotel Bigarré am Ufer der Maas, das sich über vier Stadthäuser aus den Jahren 1700 bis 1900 erstreckt, oder das Boutiquehotel Sint Jacob, das ebenfalls in einem herrschaftlichen Stadthaus seine Gästezimmer hat.

EXTRAINFO

Buchungsportale

Neben Buchungsportalen für **Hotels** (z. B. www.booking.com, www.hrs.de oder www.trivago.de) bzw. für **Hostels** (z. B. www.hostelworld.de oder www.hostelbookers.de) gibt es auch Anbieter, bei denen man **Privatunterkünfte** buchen kann. Portale wie www.airbnb.de, www.wimdu.de oder www.9flats.com vermitteln Wohnungen, Zimmer oder auch nur einen Schlafplatz auf einer Couch. Diese oft recht günstigen Übernachtungsmöglichkeiten sind nicht unumstritten, weil manchmal normale Wohnungen gewerblich missbraucht werden. Wenn die Stadt regulierend eingreift, kann das zu kurzfristigen Schließungen führen. Eine Buchung unterliegt also einem gewissen **Restrisiko.**

Ist man auf der Suche nach einem größeren Hotel, dann kann man sich entweder das luxuriöse **Kruisherenhotel** gönnen, das in einem ehemaligen Kloster untergebracht ist, oder man überquert die Maas und sucht sich in dem angesagten Viertel Wyck eines der schicken Viersternehäuser oder trendigen Designhotels.

Die Niederlassungen der großen **Hotelketten** wie Van der Valk und NH (www.nh-hotels.de) befinden sich außerhalb der Innenstadt. Ausnahme bildet der Betonklotz des Crowne Plaza Maastricht, das direkt am Ufer der Maas liegt.

Insgesamt verzeichnet Maastricht **über 4000 Hotelzimmer,** deren **Preise** stark variieren. An einem Montag kann man im Hotel Kaboom oder im Hotel Bigarré durchaus für 60 € ein kleines Doppelzimmer bekommen, am Wochenende kostet es das Doppelte. In der Weihnachtszeit und während Veranstaltungen wie Preuvenemint oder TEFAF steigen die Preise und die Hotels sind schnell ausgebucht.

Auch wenn man über die großen Buchungsplattformen häufig einen guten Preis bekommt, so sollte man auch die Websites der Hotels checken, denn dort gibt es ebenfalls Angebote und attraktive Arrangements.

Hotels

128 [G3] **Amrâth Grand Hotel de l'Empereur** €€, Stationsstraat 2, Tel. 3213838, www.amrathhotels.nl/empereur/welcome-de.html. **Klassisches Viersternehotel am Bahnhof.** Die Lage des Amrâth Grand Hotel de l'Empereur ist ideal für alle, die mit dem Zug anreisen und den Komfort eines Viersternehotels schätzen. Man kann den Koffer abstellen und direkt zu einem Stadtbummel aufbrechen, denn die Innenstadt von Maastricht erreicht man in gut zehn Minuten zu Fuß und auch das angesagte Viertel Wyck liegt um die Ecke. Der erste Eindruck vom Hotel ist der eines traditionsreichen Jugendstilhauses mit gediegenem Ambiente. Doch in diesem an die Stationsstraat grenzenden Teilbereich sind lediglich das Restaurant, die Bar und ein paar Zimmer untergebracht. Der Rest der rund 150, teilweise vor Kurzem renovierten Gästezimmer befindet sich in einem

Preiskategorien

Die Preisangaben gelten für ein Doppelzimmer pro Nacht an einem Wochenende. Das Frühstück ist nicht immer im Preis inbegriffen.

€	50–100 €
€€	100–200 €
€€€	200–300 €

Anbau. Die Zimmer sind klassisch eingerichtet, verfügen über Klimaanlage, Gratis-WLAN, Wasserkocher, Sitzecke, bequeme Betten und Badezimmer. Im Hotel gibt es zudem ein Hallenbad, eine Infrarotsauna, ein Solarium und ein Restaurant. Das Frühstück nimmt man an den Tischen im Eingangsbereich ein, es gibt ein Büffet und Kaffeeautomaten. Sehr von Vorteil ist die unter dem Hotel befindliche Parkgarage (18,50 € pro Tag) für diejenigen, die das Auto dem Zug vorziehen.

🏠**129** [F3] **Beaumont Hotel** €€€, Wycker Brugstraat 2, Tel. 0433254433, www.beaumonthotel.nl. **Stilvolles Haus aus der Jahrhundertwende.** Außen klassisch weiß, innen modern gestylt – die 75 Zimmer reichen vom Standardzimmer bis zur 46 m² großen Suite. Pluspunkte: eine eigene Garage und das sehr schöne (aber auch etwas teure) Restaurant Harry's im Erdgeschoss.

🏠**130** [D2] **Bigarré** €€, Van Hasseltkade 8, Tel. 0433100310, www.bigarre.nl. **Historisches Hotel am Maas-Ufer.** Nur ein paar Schritte von Markt und Altstadt entfernt befindet sich das Viersternehotel Bigarré. Es verteilt sich über vier kleine Stadthäuser, die aus dem 18. und 19.

Jahrhundert stammen. Dementsprechend ist auch die Einrichtung klassisch-nostalgisch: Kronleuchter, ein Hauch von Rokoko und Holzbalken in den Zimmern im Dachgeschoss, von denen aus man einen traumhaften Blick auf die Maas hat. Auch der Frühstücksraum hat Stil und ist im historischen Wohn-Esszimmer untergebracht. Zum Abendessen geht man zum Marktplatz, der nur fünf Gehminuten entfernt liegt und an dem sich ein gutes Restaurant an das andere reiht.

🏠**131** [C4] **Boutique Hotel Sint Jacob** €€, Sint Jacobstraat 6, Tel. 0432030040, www.boutiquehotelmaastricht.nl. **Herrenhaus in guter Lage.** Eingerichtet im klassischen französischen Stil befindet sich das kleine Hotel mitten im Jekerkwartier. Es gibt auch ein Familienzimmer mit einer Größe von 36,5 m².

🏠**132** [E4] **Crowne Plaza Maastricht** €€, Ruiterij 1, Tel. 0433509191, www.cpmaastricht.com. **Großer Hotelkomplex.** Die Zimmer des Hotels aus den 1980er-Jahren sind modern und hell eingerichtet. Pluspunkte sind die son-

△ *Trendy und bezahlbar: das Kaboom Hotel (s. S. 124)*

nige Terrasse am Maasufer und die Zentrumsnähe.

🔴 **[D4] Derlon Hotel** €€, Tel. 0433216770, www.derlon.com. **Ideal gelegen, mit einzigartigem Frühstücksraum.** Stilvolle Zimmer mit Holz, Parkettfußboden, weißen Vorhängen und bequemen Betten! Wer ein Zimmer in Richtung Onze Lieve Vrouweplein erwischt, genießt den Blick auf einen idyllischen Platz voller Straßencafés. Die Zimmer haben Klimaanlage, Kaffeemaschine, Flachbildfernseher und Badeente (!) für Gesellschaft in der Wanne. Die Lage des Hotels direkt neben der Onze Lieve Vrouwebasiliek und der Stokstraat ist unschlagbar. Das Auto lässt man in der 200 m entfernten, öffentlichen Tiefgarage OLV-Parking stehen (s. S. 109, 22,50 € pro Tag, wenn man im Hotel bezahlt). Der Frühstücksraum hält eine Überraschung bereit: Tische und Stühle befinden sich im Museumskeller direkt neben den Ausgrabungen eines römischen Heiligtums. Wer kann schon von sich behaupten, in Gesellschaft von Jupiter ein Spiegelei gegessen zu haben? Der Name Derlon stammt von einem französischen Chefkoch Louis Derlon, der einer der großen Wegbereiter für Maastricht als kulinarisches Zentrum war.

🏨**133** [C4] **Haas op het Vrijthof** €€€, Vrijthof 20a, Tel. 438524353, www. haasophetvrijthof.nl. **Kleines, feines Hotel in Toplage.** Zentraler geht es wohl nicht: Das Haas op het Vrijthof befindet sich neben dem Museum aan het Vrijthof. Das herrschaftliche historische Stadthaus vermietet nur drei Zimmer und drei Appartements und dadurch fühlt man sich in dem Boutiquehotel wie in einem zweiten Zuhause. Frühstücken kann man entweder im Appartement bzw. im Zimmer oder in dem hübschen Empfangsraum im Erdgeschoss. Die Zimmer sind hell und freundlich eingerichtet und der Charme des Altbaus

weht durch alle Räume. Sehr netter Empfang!

🏨**134** [F3] **Hampshire Designhotel Eden** €€, Stationsstraat 40, Tel. 3282525, www. hampshire-hotels.com/de/hampshire-designhotel-maastricht. **Modern designt und im gefragten Viertel Wyck.** Das Designhotel Eden, das man aufgrund seiner zwei knallgrünen Hundeplastiken im Eingang kaum übersehen kann, ist sehr zentral in Bahnhofsnähe und nur ein paar Gehminuten von der Altstadt entfernt gelegen. Interessant ist die Fensterkonstruktion der zur Straße gewandten Zimmer, der eine lamellenartige Fassade vorgebaut ist. Ebenso innovativ ist die Badkonstruktion, bei der die Badewanne bzw. Dusche offen und mehr oder weniger ins Zimmer integriert ist. Nur die Toilette befindet sich in einem abschließbaren Raum.

❭ **Hotel Dis** €€€, Galerie Dis (s. S. 69), Tel. 3215479, www.hoteldis.nl. **Ein kleines, besonderes Hotel ... mit einer großen Überraschung:** Das Frühstück wird in einem kapellenartigen Raum serviert, der aus der Zeit um 1700 stammt und in dem früher Bier gebraut wurde. Auch der Rest des Hotelgebäudes ist einzigartig: Das Erdgeschoss, in dem man am Nachmittag auch Kaffee und Kuchen bekommt, dient als Kunstgalerie. Die stilvoll eingerichteten, großen Zimmer haben Holzfußböden und sind mit hellen Möbeln und Kunstwerken ausgestattet. Da es nur acht Zimmer gibt, sollte man – vor allem fürs Wochenende – rechtzeitig reservieren. Das Hotel mit dem Kapellenraum eignet sich auch sehr gut für Familienfeiern und -wochenenden.

🏨**135** [G4] **Kaboom Hotel** €, Stationsplein 1, Tel. 3211111, www.kaboomhotel. nl. **Günstig kann auch stilvoll sein:** Das beweist das neue Low-Budget-Hotel Kaboom gegenüber vom Bahnhof. Die Zimmerpreise bewegen sich von 60 € (beispielsweise an einem Montag für das

kleinste Zimmer) bis zu 120 € für das Familienzimmer, eigenes Badezimmer natürlich inklusive. Diese Preise verstehen sich ohne Frühstück, aber gegen Aufpreis kann man entweder ein kleines Frühstück im benachbarten Douwe-Egberts-Café (s. S. 80) hinzubuchen oder sich für ein ausgiebiges Büffet im – ebenfalls benachbarten – Restaurant Dadawan (s. S. 77) entscheiden. Die Zimmer sind hell und einfach eingerichtet. Es gibt zwar weder Kleiderschrank (nur eine Kleiderstange) noch Kühlschrank (Getränke gibt es an der Rezeption), dafür aber eine fröhliche schwarz-weiße und eigens für das Hotel entworfene Tapete mit den Maastrichter Sehenswürdigkeiten und ein paar witzige Gadgets auf dem Zimmer: eine goldene Pistole als Do-not-Disturb-Hinweis für die Zimmertür und eine Wanduhr ohne Zeiger (man soll nicht auf die Uhr schauen, sondern die Zeit genießen). Ein fantastischer Ort für warme Sommerabende ist die Dachterrasse im 1. Stock, auf der Sitzkissen und ein Springbrunnen zum Chillen einladen.

❾ [B4] **Kruisherenhotel** €€€. **Luxuszimmer im ehemaligen Kloster:** Dort, wo früher die Mönche schliefen, laden heute Komfortbetten und Designereinrich-

tung zu himmlischen Nächten ein. Rund 60 Zimmer bietet das Kruisherenhotel, die schönsten sind die Prestige-Zimmer mit Blick auf die historischen Buntglasfenster des Kirchengebäudes. Auch der Frühstücksraum kann sich sehen lassen: Zwischen Himmel und Erde, im Entresol genannten Zwischengeschoss im Kirchenschiff, wird das reichhaltige Frühstück serviert.

136 [F3] **The Dutch** €€, Wilhelminasingel 60, Tel. 3281369, www.hotelthedutch. com. **Willkommen in den 1980er-Jahren!** Obwohl das stylishe Hotel erst im Sommer 2016 eröffnete, hat es sich schon zu einem der beliebtesten Hotels der Stadt entwickelt. Kein Wunder, denn das Konzept ist so sympathisch wie überzeugend: junges, zuvorkommendes Personal, ein im Stil der 1980er-Jahre gehaltener Gemeinschaftsraum („Hangout") mit Aerobic-Videos von Jane Fonda, ein Hofgarten mit Sitzgelegenheiten unter Palmen (einschließlich überdimensionaler Affen- und Krokodildeko) und große, modern und hochwertig eingerichtete Zimmer mit fantastischen Betten. Es fehlt an nichts: Im gemeinschaftlich genutzten „Wohnzimmer" steht ein großer Kaffeeautomat für Gratiscappuccino & Co. und im Kühlschrank gibt es für alle Wasser, Obst und Wassereis. Selbst an der Minibar im Zimmer darf man sich kostenlos bedienen. Auch das Frühstückskonzept ist etwas anders als

▱ Zum Chillen:
das Wohnzimmer im The Dutch

in anderen Hotels: Am Abend hängt der Hotelgast eine Papiertüte vor die Zimmertür mit dem Hinweis darauf, wann er sein Frühstück wünscht. Am nächsten Morgen ist die Tüte dann gefüllt: mit Saft, Joghurt, Muffin, Früchten – jeden Tag anders. Frühstücken kann man im Bett, auf der Terrasse oder im Hangout.

137 [G3] **Townhouse** €, Sint Maartenslaan 5, Tel. 3211111, www.townhouse hotels.nl. **Sich im Urlaub wie zu Hause fühlen:** Man betritt das Hotel und fühlt sich direkt wie in einem Wohnzimmer: Vintage-Sofas und Sessel, Bücherregale, ein alter Schwarzweißfernseher aus dem letzten Jahrtausend, ein Sofatisch mit einer Schüssel Nüsse und auf der Herdplatte neben dem Check-in-Counter steht ein Topf: Lust auf eine Suppe zur Begrüßung? An den Holztischen hinter der Rezeption kann man frühstücken, Suppe und Kuchen und – am Abend – auch kleine Gerichte bekommen. Zudem gibt es eine Reihe köstlicher Spezialbiere, Wein und Gin Tonic. Hier ist es so gemütlich, dass viele Hotelgäste im „Wohnzimmer" ihren Abend verbringen und sich Alleinreisende so gar nicht allein fühlen. Die 69 Zimmer erstrecken sich über mehrere Gebäude (was man aber als Gast nicht mitbekommt) und sind im Vintage-Stil eingerichtet. Auch das trägt dazu bei, dass man sich direkt wohlfühlt.

138 Van der Valk Maastricht €€, Nijverheidsweg 35, Tel. 3873500, www.hotel vandervalkmaastricht.nl/de. **Klassiker am Stadtrand.** Insgesamt 66 Häuser hat die niederländische Hotelkette Van der Valk allein in den Niederlanden, darunter auch eins in Maastricht. Wer sich für Van der Valk entscheidet, der ist entweder auf einem Businesstrip oder schätzt die ideale Verkehrsanbindung, die gute Küche (viele kommen auch nur zum Essen) und den aufmerksamen Service. Zwar befindet sich das Van der Valk außerhalb des Maastrichter Zentrums an der A2, es lockt dafür aber mit akzeptablen Preisen, einem Indoor-Pool und gleich drei Restaurants. Das Hotel in Maastricht verfügt über 189, größtenteils renovierte Zimmer, darunter Komfort-, Luxus- und Familienzimmer, aber auch behindertengerechte Zimmer und Suiten. Wer in die Innenstadt möchte, der kann den kostenlosen Shuttle Service nutzen (alle 15 Minuten, eine Fahrt gratis, Rückfahrt 8,50 € für max. 4 Personen).

139 [E5] **Zenden Design Hotel** €€, Sint Bernardusstraat 5, Tel. 3212211, www. zenden.nl. **Ganz in Weiß.** Im Erdgeschoss Schwimmen und im Obergeschoss Schlafen: Zenden ist ein interessanter Mix aus Sportstudio, Schwimmbad und Hotel. Was allen Bereichen gemeinsam ist: Das ganze Haus, einschließlich des Schwimmbads, ist in reinstem Weiß gehalten. Auch die Lage ist prima: direkt hinter der Stadtmauer und unweit des Helpoorts, also äußerst zentral. Das Zenden Design Hotel verfügt über zehn Zimmer und neun Suiten, verteilt über mehrere historische Gebäude.

0067 ma-ug

◁ *Relaxen wie bei Oma: im Townhouse*

Hostels

140 [E6] **Stayokay Maastricht** €, Maasboulevard 101, Tel. 7501790, www.stayokay.com/de/hostel/maastricht.
Bezahlbare Unterkunft direkt am Ufer der Maas. Mit der ganzen Familie unterwegs und auf der Suche nach einer preiswerten Unterkunft? Dann sollte man einfach mal auf der Website von Stayokay vorbeischauen. Stayokay ist der Dachname der früheren Jugendherbergen in den Niederlanden. Das Design ist modern, die Zimmer einfach, doch dafür bekommt man ein Familienzimmer für vier Personen mit eigenem Bad und inklusive Frühstück für 120 € (zwei Stockbetten). Einzigartig sind die fantastische Terrasse am Wasser und die Lage am Stadtpark.

Stellplatz

141 **Maastricht Marina** €€€, Hoge Weerd 20, Tel. 043 3671814, www.maastrichtmarina.nl. Ein schön gelegener Stellplatz für Wohnmobile am Jachthafen an der Maas, gegenüber vom Sint Pietersberg.

Verkehrsmittel

Bus

In Maastricht gibt es weder U-, noch Straßenbahnen, man geht zu Fuß oder nimmt den Bus. Der **Busbahnhof,** an dem die Buslinien der örtlichen Busgesellschaft **Arriva** halten, befindet sich direkt neben dem Hauptbahnhof [G3]. Die Linien 1 bis 10 fahren alle ins Stadtzentrum.

Eine **Fahrt innerhalb des Stadtzentrums** kostet 3 €, die Karte ist eine Stunde lang gültig (inkl. Buswechsel). Maximal zwei Kinder bis 11 Jahre können auf der Karte eines Erwach-

Für den besonderen Anlass: übernachten im Schloss

142 **Buitenplaats Vaeshartelt** €€, Weert 9, Maastricht, Tel. 3690208, www.vaeshartelt.nl/de. Am Stadtrand von Maastricht befindet sich der Buitenplaats Vaeshartelt. Das Hotel ist ebenfalls in einem Schloss untergebracht, allerdings befinden sich die Gästezimmer in einem modernen Anbau. Die Zimmer sind schlicht, modern und ohne Sitzecken oder große Schränke. Dafür ist der Aufenthalt hier auch günstiger.

143 **Château St. Gerlach** €€€, Joseph Corneli Allée 1, Valkenburg aan de Geul, Tel. 6088888, www.oostwegelcollection.nl/de/home. Das romantische Schlosshotel Château St. Gerlach bietet 97 Zimmer, ein Gourmet-Restaurant, ein Bistro, ein Schwimmbad und Spa sowie Wellnessbereich. Es gehört – wie auch Château Nercanne und das Kruisherenhotel **9** – zu den Hotels der Familie Oostwegel. Die Lage außerhalb von Valkenburg ist einmalig und das Landgut wird von einem Park umringt. Sehr romantisch ist der kleine Terrassengarten zwischen der Kirche St. Gerlach und dem Hotelgebäude.

144 **Kasteel Bloemdaal** €€€, Bloemendalstraat 150, Vaals, Tel. 3659800, www.hotelbloemendal.nl/de. Ein Schloss mit Wow-Effekt: Garten mit Springbrunnen, Freitreppe zum Eingang, elegantes Restaurant, 77 Luxuszimmer (und -Suiten) und eine Sonnenterrasse. Außerhalb der Saison gibt es hier immer wieder interessante Angebote.

senen gratis mitfahren. Eine **Tageskarte** kostet 8,50 €. Mit dem Bus kann man auch für 6 € zum Aachener Hauptbahnhof fahren (Buslinie 350 – Limburg Liner).

Fahrkarten gibt es beim Busfahrer. Sie werden direkt entwertet und sollten möglichst passend bezahlt werden. Die Busgesellschaft Arriva geht neuerdings dazu über, auch den Kauf von Tickets mit EC-Karten zu ermöglichen. Die neuesten Busse haben bereits einen entsprechenden Automaten installiert.

ℹ 145 [G3] **Arriva (Verkehrsbetriebe),** Stationsplein 27, Tel. 0900 2022022, www.arriva.nl, Nov.–Apr. Mo.–Fr. 7–19 Uhr, Sa. 8–19, So. 9–16 Uhr

Taxi

Wer mit dem Zug in Maastricht ankommt, der findet Taxis direkt vor dem Bahnhofseingang. Die Kosten für eine Fahrt setzen sich aus einem Startpreis von rund 2,80 € und ca. 2 € für jeden gefahrenen Kilometer zusammen. Mehrere Unternehmen bieten ihre Dienste an, u. a.:

❯ Taxi Frenske, Tel. 3636362
❯ Maestax, Tel. 3650600
❯ Taxi for you, Tel. 2600005
❯ Taxi Royal, Tel. 06 46825723

Wetter und Reisezeit

Maastricht liegt im südlichsten Zipfel der Niederlande, unweit der Stadt Aachen. Im Gegensatz zu den Küstengebieten der Niederlande ist das Klima hier **wärmer und gemäßigt**. Im **Sommer** kann es durchaus auch mal heiß werden – mit Temperaturen von über 30 Grad. Dementsprechend verfügen viele Cafés über Sitzplätze im Freien, von denen die Maastrichter auch reichlich Gebrauch machen.

Im **Dezember und im Januar** liegt die Durchschnittstemperatur zwischen minus 0,6 und plus 5 Grad, was die Maastrichter nicht davon abhält, sich auch dann auf den Terrassen der Cafés unter den Heizstrahlern niederzulassen und sich bei einem Kaffee zu wärmen. Über ihnen leuchtet dann die schöne Weihnachtsbeleuchtung, die die ganze Altstadt schmückt

Gibt es eine ideale Reisezeit für Maastricht? Wer das Leben im Freien und Sommer-Feeling mag, der wird die Sommermonate in der Stadt sehr schätzen. Wer Weihnachtsmärkte und Karnevalsumzüge bevorzugt, der wird diese – im Gegensatz zum Rest der Niederlande – auch in Maastricht finden.

Durchschnitt	**Wetter in Maastricht**											
Maximale Temperatur	4°	6°	9°	13°	18°	21°	22°	22°	19°	15°	9°	5°
Minimale Temperatur	−1°	−1°	1°	4°	8°	11°	12°	12°	10°	7°	3°	0°
Regentage	19	15	18	17	17	16	16	15	15	16	19	19
	Jan	Febr	März	Apr	Mai	Juni	Juli	Aug	Sept	Okt	Nov	Dez

ANHANG

068ma-ug

Kleine Sprachhilfe Niederländisch

Die folgenden Wörter und Redewendungen wurden dem Reisesprachführer „Niederländisch – Wort für Wort" (Kauderwelsch-Band 66) aus dem REISE KNOW-HOW Verlag entnommen und sollen dem Leser eine erste kurze Einführung in die niederländische Sprache bieten.

Am Wortende gibt es folgende Besonderheiten:

-b	-p	wie „p"
-d	-t	wie „t"
-ig	-èch	„ech" mit weichem „ch" (kein „ä")
-isch	-ieß	„ieß" (mit langem „i"
-n		wird manchmal verschluckt)
-lijk	-lèk	„lek", klingt fast wie „lök"
-tie	-zie	„zie" (mit langem „i")

Aussprache

Die folgenden Buchstaben(-kombinationen) werden anders als im Deutschen ausgesprochen. Die zweite Spalte gibt die Lautschrift wieder.

ch, g	ch	raues „ch" wie in „lachen"
g	sh	bei französ. Wörtern vor e, i, y wie zweites „g" in „Garage"
ng	ng	„ng" wie im Deutschen „bringen"
e	è	kurzes „e" wie in „bitte"
ei, ij	äj	wie „ey"
eu	öö	wie ein langes „ö"
oe	u	kurzes „u" wie in „Bus"
ou	au	wie „au" in „Maus"
s	ß	stimmloses „s" wie in „Bus"
sch	ßch	wie „ß" und dann „ch" in „Häuschen" (kein deutsches „sch")
sj	sch	deutsches „sch" wie in „Schule"
tj	tch	zwischen „tch" und „tj" in „Kärtchen"
u	üü	langes „ü" wie in „Mühe", oder:
	ö	kurzer Laut zwischen „i" und „ö"
ui	öi	etwa wie „öi" in „Feuilleton"
v	v	zwischen „f" und „w"
z	s	stimmhaftes „s" wie in „Rose"

Häufig gebrauchte Wörter und Redewendungen

Zahlen

0	*nul*	nöll
1	*een*	een
2	*twee*	twee
3	*drie*	drie
4	*vier*	vier
5	*vijf*	väjf
6	*zes*	säß
7	*zeven*	seevèn
8	*acht*	acht
9	*negen*	neechèn
10	*tien*	tien
11	*elf*	älf
12	*twaalf*	twaalf
13	*dertien*	därrtien
14	*veertien*	veertien
15	*vijftien*	väjftien
16	*zestien*	säßtien
17	*zeventien*	seevèntien
18	*achtien*	achtien
19	*negentien*	neechèntien
20	*twintig*	twintich
21	*eenentwintig*	eenèntwintich
22	*tweeëntwintig*	tweeèntwintich
23	*drieëntwintig*	drieèntwintich
24	*vierentwintig*	vierèntwintich
25	*vijfentwintig*	väjfèntwintich
26	*zesentwintig*	säßèntwintich
27	*zevenentwintig*	seevènèntwintich
28	*achtentwintig*	achtèntwintich

29	negenentwintig	neechènèn	101	honderdeen	hondèrdeen
		twintich	102	honderdtwee	hondèrdtwee
30	dertig	därrtich			(usw.)
40	veertig	veertich	200	tweehonderd	tweehondèrd
50	vijftig	väjftich	300	driehonderd	driehondèrd
60	zestig	sßtich	1.000	duizend	döisènd
80	tachtig	tachtich	2.000	tweeduizend	tweedöisènd
90	negentig	neechèntich	10.000	tienduizend	tiendöisènd
100	honderd	hondèrd	1.000.000	een miljoen	een milljunn

Die wichtigsten Fragewörter

welke?	wällkè	welches?
wat voor een?	wat voor een	was für ein?
waar?	waar	wo?
waarvandaan?	waarvanndaan	woher?
waarnaartoe?	waarnaatu	wohin?
waarom?	waaromm	warum?
hoe?	hu	wie?
hoeveel?	huveel	wie viel?
wanneer?	wanneer	wann?
waarmee?	waarmee	womit?

Die wichtigsten Richtungsangaben

(naar) rechts/links	naar rächtß/linkß	(nach) rechts/links
rechtdoor	rächtdoor	geradeaus
terug	tèröch	zurück
tegenover	teechènoovèr	gegenüber
tussen	tößèn	zwischen

Die wichtigsten Zeitangaben

(over)morgen	(oovèr)morchèn	(über)morgen
's morgens	ßmorchènß	morgens
's middags	ßmiddachß	mittags
's avonds	ßavèndß	abends
dagelijks	daachèlèkß	täglich
eerder – later	eerdèr – laatèr	früher – später
nou, nu – gauw	nau, nü – chauw	jetzt – bald
maandag	maandach	Montag
dinsdag	dinßdach	Dienstag
woensdag	wunßdach	Mittwoch
donderdag	dondèrdach	Donnerstag
vrijdag	vräjdach	Freitag
zaterdag	saatèrdach	Samstag
zondag	sonndach	Sonntag

Die wichtigsten Fragen

Wat is dat? wat iß dat	Was ist das?
Kunt u me vertellen …? könnt ü mè vèrtällèn	Können Sie mir sagen …?
Is er …? – Heeft u …? iß èr – heeft ü	Gibt es …? – Haben Sie …?
Ik wou graag … ik wau chraach	Ich hätte gerne …
Ik zoek … – Ik neem … ik suk – ik neem	Ich suche … – Ich nehme …
Waar vind ik …? waar vind ik	Wo finde ich …?
Ik heb … nodig. ik häp noodich	Ich brauche …
Waar kan ik … kopen? waar kann ik … koopèn	Wo kann ich … kaufen?
Kunt u me … geven? könnt ü mè … cheevèn	Können Sie mir … geben?
Hoeveel kost dat? huveel koßt dat	Wie viel kostet das?
Waar is …? waar iß	Wo ist …?
Hoe kom ik naar …? hu komm ik naar	Wie komme ich nach …?
Hoeveel kost de rit naar …? huveel koßt dè rit naar	Wie viel kostet die Fahrt nach …?
Ik wil graag naar … ik will chraach naar	Ich möchte nach … (Taxi)
Hoe lang duurt …? hu lang düürt	Wie lange dauert …?

Nichts verstanden? – Weiterlernen!

Ich spreche kaum Niederländisch.	*Ik spreek bijna geen Nederlands.* ik ßpreek bäjna cheen needèrlandß
Wie bitte? (geduzt/gesiezt)	*Wat zeg je/zegt u?* wat säch jè/sächt ü
Ich habe dich/Sie nicht verstanden.	*Ik heb je/u niet verstaan.* ik häp jè/ü niet vèrßtaan
Sprichst du/Sprechen Sie Englisch/ Deutsch?	*Spreek jij/spreekt u Engels/Duits?* ßpreekt ü/ßpreek jäj ängelß/döitß
Was heißt … auf Niederländisch/ Deutsch?	*Wat is … in het Nederlands/Duits?* wat iß … in hèt needèrlandß/döitß
Kannst du/Können Sie das wiederholen?	*Kun je/Kunt u dat nog een keer zeggen?* könn jè/könnt ü dat noch een keer sächen

Könnten Sie etwas langsamer sprechen?	*Zou u iets langzamer kunnen spreken?* sau ü ietß langsaamèr können ßpreekè
Was bedeutet dieses Wort?	*Kunt u me vertellen wat dit woord betekent?* könnt ü mè vèrtällèn wat dit woord bèteekènt
Wie spricht man dieses Wort aus?	*Hoe spreekt u dit woord uit?* hu ßpreekt ü dit woord öit
Können Sie mir das bitte aufschreiben?	*Wilt u mij dat alstublieft opschrijven?* willt ü mäj dat aßtüblieft opßchräjvèn

Die wichtigsten Floskeln und Redewendungen

ja – nee jaa – nee	ja – nein
dank je wel – dank u dank jè wäl – dank ü	danke (geduzt – gesiezt)
alsjeblieft – alstublieft aßjèblieft – aßtüblieft	bitte (geduzt – gesiezt)
Graag gedaan. chraach chèdaan	Keine Ursache./Gern geschehen.
Dankjewel, hetzelfde! dankjèwäl, hètsälfdè	Danke gleichfalls! (geduzt)
Goedemorgen!/Goededag! chujèmorchèn/chujèdach	Guten Morgen/Tag!
Goedenavond! chujènaavènd	Guten Abend!
Welterusten! wälltèrößtèn	Gute Nacht!
Welkom! wällkomm	Willkommen!
Hallo!/Hoi! – Doei! hallo/hoj – duj	Hallo! – Tschüss!
Tot ziens! tott sienß	Auf Wiedersehen!
Tot gauw. tot chauw	Bis bald.
Hoe gaat het (met jou/u)? hu chaat hèt (mät jau/ü)	Wie geht's (dir/Ihnen)?
Dank u wel, goed! dank ü wäll, chut	Danke, gut. (gesiezt)
Eet smakelijk! – Proost! eet ßmaakèlèk – prooßt	Guten Appetit! – Prost!
Sorry! – Het spijt me. ßorrie – hèt ßpäjt mè	Entschuldigung! – Es tut mir leid.
Is niet erg./Is Okee. iß niet ärch/iß okee	Macht nichts! (Antwort auf Entschuldigung)

Das komplette Programm zum Reisen und Entdecken von
REISE KNOW-HOW

- **Reiseführer** – alle praktischen Reisetipps von kompetenten Landeskennern

- **CityTrip** – kompakte Informationen für Städtekurztrips

- **CityTrip**^{PLUS} – umfangreiche Informationen für ausgedehnte Städtetouren

- **InselTrip** – kompakte Informationen für den Kurztrip auf beliebte Urlaubsinseln

- **Wohnmobil-Tourguides** – alle praktischen Reisetipps für Wohnmobil-Reisende

- **Wanderführer** – exakte Tourenbeschreibungen mit Karten und Anforderungsprofilen

- **KulturSchock** – Orientierungshilfe im Reisealltag

- **Kauderwelsch Sprachführer** – vermitteln schnell und einfach die Landessprache

- **Kauderwelsch plus** – Sprachführer mit umfangreichem Wörterbuch

- **world mapping project**™ – aktuelle Landkarten, wasserfest und unzerreißbar

- **Edition REISE KNOW-HOW** – Geschichten, Reportagen und Abenteuerberichte

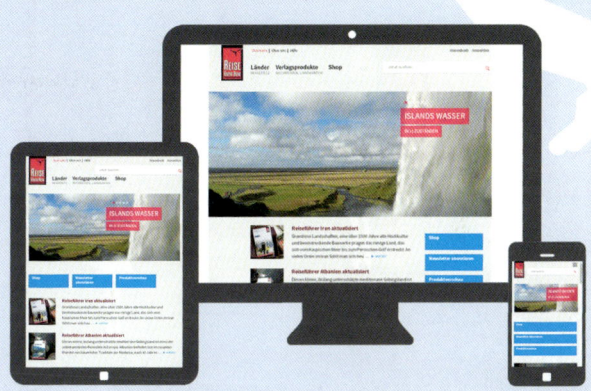

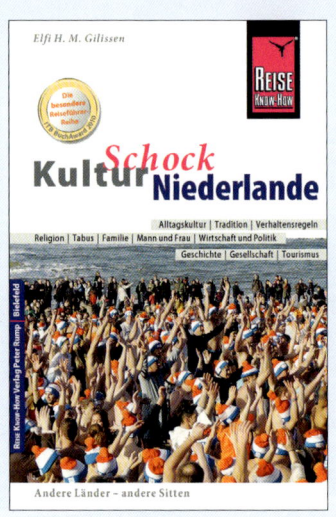

Register

▷ *Maria „Sterre der Zee" in der Onze Lieve Vrouwebasiliek* **❿**

072ma-ug

Die Autorin

Aufgewachsen zwischen Weinbergen und Biergärten zog es die gebürtige Fränkin **Ulrike Grafberger** erst nach Italien, dann nach Norddeutschland und später nach Holland, wo sie seit 13 Jahren im Den Haager Ortsteil Scheveningen unweit der Nordseeküste lebt.

Ulrike Grafberger schreibt regelmäßig über Land und Leute – in Büchern, Artikeln und auf ihren eigenen Websites, u. a. über Scheveningen, Den Haag und Amsterdam. Für das Niederländische Büro für Tourismus & Convention arbeitet sie als Holland-Botschafterin für Deutschland und für den Fischer Verlag schrieb sie das Buch „Holland für die Hosentasche".

Im REISE KNOW-HOW Verlag veröffentlichte sie bereits die CityTrips „Den Haag mit Scheveningen" und „Bamberg", ein Buch über ihre Heimatstadt. In der Reihe InselTrip sind von ihr die Bände „Texel" und „Ameland" erschienen.

Schreiben Sie uns

Dieses Buch ist gespickt mit Adressen, Preisen, Tipps und Daten. Unsere Autoren recherchieren unentwegt und erstellen alle zwei Jahre eine komplette Aktualisierung, aber auf die Mithilfe von Reisenden können sie nicht verzichten. Darum: Teilen Sie uns bitte mit, was sich geändert hat oder was Sie neu entdeckt haben. Gut verwertbare Informationen belohnt der Verlag mit einem Sprachführer Ihrer Wahl aus der Reihe „Kauderwelsch".

Kommentare übermitteln Sie am einfachsten, indem Sie die Web-App zum Buch aufrufen (siehe Umschlag hinten) und die Kommentarfunktion bei den einzelnen auf der Karte angezeigten Örtlichkeiten oder den Link zu generellen Kommentaren nutzen. Wenn sich Ihre Informationen auf eine konkrete Stelle im Buch beziehen, würde die Seitenangabe uns die Arbeit sehr erleichtern. Unsere Kontaktdaten entnehmen Sie bitte dem Impressum.

Impressum

Ulrike Grafberger

CityTrip Maastricht mit Lüttich

© REISE KNOW-HOW Verlag
Peter Rump GmbH

1. Auflage 2017

Alle Rechte vorbehalten.

ISBN 978-3-8317-2910-4
PRINTED IN GERMANY

Druck und Bindung:
Media-Print, Paderborn

Herausgeber: Klaus Werner
Layout: amundo media GmbH (Umschlag, Inhalt),
Peter Rump (Umschlag)
Lektorat: amundo media GmbH
Karten: Ingenieurbüro B. Spachmüller,
amundo media GmbH
Anzeigenvertrieb: KV Kommunalverlag GmbH &
Co. KG, Alte Landstraße 23, 85521 Ottobrunn,
Tel. 089 928096-0, info@kommunal-verlag.de
Kontakt: Osnabrücker Str. 79, 33649 Bielefeld,
info@reise-know-how.de

Alle Angaben in diesem Buch sind gewissenhaft geprüft. Preise, Öffnungszeiten usw. können sich jedoch schnell ändern. Für eventuelle Fehler übernehmen Verlag wie Autorin keine Haftung.

Liste der Karteneinträge

Maastricht

Lüttich

Hier nicht aufgeführte Nummern liegen außerhalb der abgebildeten Karten. Ihre Lage kann aber wie die von allen Ortsmarken im Buch mithilfe der Web-App angezeigt werden (s. S. 144).

Zeichenerklärung

Hauptsehenswürdigkeit
Arzt, Apotheke, Krankenhaus
Bar, Bistro, Treffpunkt
Bibliothek
Café, Eiscafé
Denkmal
Fischrestaurant
Galerie
Geschäft, Kaufhaus, Markt
Hallenbad, Schwimmhalle
Hotel, Unterkunft
Imbiss
Informationsstelle
Jugendherberge, Hostel
Kino
Kirche
Kneipe
Moschee
Museum
Musikszene, Disco
Parken
Polizei
Postamt
Sonstiges
Restaurant
Theater, Zirkus
Vegetarisches Restaurant

Stadtspaziergang (s. S. 14)

Shoppingareale
Gastro- und Nightlife-Areale

★★★ nicht verpassen
★★ besonders sehenswert
★ wichtig für speziell interessierte Besucher

Maastricht mit PC, Smartphone & Co.

QR-Code auf dem Umschlag scannen oder **www.reise-know-how.de/citytrip/maastricht17** eingeben und die **kostenlose Web-App** aufrufen (Internetverbindung zur Nutzung nötig)!

★ Anzeige der **Lage und Satellitenansicht aller** beschriebenen Sehenswürdigkeiten und touristisch wichtigen Orte
★ **Routenführung** vom aktuellen Standort zum gewünschten Ziel
★ **Exakter Verlauf** des empfohlenen Stadtspaziergangs
★ **Audiotrainer** der wichtigsten Wörter und Redewendungen
★ **Updates** nach Redaktionsschluss

GPS-Daten zum Download

Auf der Produktseite dieses Titels unter www.reise-know-how.de stehen die GPS-Daten aller Ortsmarken als KML-Dateien zum Download zur Verfügung.

Stadtplan für mobile Geräte

Um den Stadtplan auf Smartphones und Tablets nutzen zu können, empfehlen wir die App „Avenza Maps" der Firma Avenza™. Der Stadtplan wird aus der App heraus geladen und kann dann mit vielen Zusatzfunktionen genutzt werden.

Unsere App-Empfehlungen zu Maastricht

› **9292:** Die App (niederländisch/englisch, gratis für iOS und Android) beschreibt den Weg von A nach B – egal ob mit Bus, Straßenbahn oder Zug (einschließlich Beschreibung des Fußwegs und Kostenangaben für den öffentlichen Nahverkehr).
› **NS Reisplanner Xtra:** Reiseplaner der Nationale Spoorwegen, des niederländischen Pendants zur Deutschen Bahn (englisch, kostenlos für iOS und Android).
› **Roman Maastricht** (iOS)/**Römisches Maastricht** (Android): Gratis-App über die römische Vergangenheit der Stadt. Es gibt viele Informationen, Filme, 3-D-Modelle und das teilweise auch auf Deutsch.
› **NLstreets:** Die App informiert über Einkaufsstraßen in den wichtigsten niederländischen Städten und stellt Läden inkl. Sortiment vor (englisch, kostenlos für iOS und Android).